新媒体写作

从流量到IP的蜕变

刘丙润 著

清华大学出版社
北京

内 容 简 介

新媒体写作获取收益从2015年开始，到2022年年底已经发生了数次变化，最近一次大幅度变化是头条收益系数改革，在一定程度上也印证了本书的价值，即IP写作获取收益。之前纯靠流量写作——有阅读量就有收益的写作模式必将被市场淘汰，而依托新媒体写作模式获得高额收益的图文内容创作者近期也出现流量收益大幅萎缩的情况。基于此，创作者需要完成从流量到IP的蜕变，以适应当下的新形势。

本书读者群定位于致力于打造个人IP的新媒体创作者，详细介绍了从单纯的流量获取收益过渡到IP获取收益的操作步骤。

本书封面贴有清华大学出版社防伪标签，无标签者不得销售。
版权所有，侵权必究。侵权举报电话：010-62782989，beiqinquan@tup.tsinghua.edu.cn。

图书在版编目（CIP）数据

新媒体写作：从流量到IP的蜕变 / 刘丙润著. — 北京：清华大学出版社，2024.2
ISBN 978-7-302-65310-3

Ⅰ.①新… Ⅱ.①刘… Ⅲ.①新闻写作 Ⅳ.①G212.2

中国国家版本馆CIP数据核字（2024）第038804号

责任编辑：杜春杰
封面设计：刘　超
版式设计：楠竹文化
责任校对：马军令
责任印制：沈　露

出版发行：清华大学出版社
　　　　网　　址：https://www.tup.com.cn，https://www.wqxuetang.com
　　　　地　　址：北京清华大学学研大厦A座　　邮　编：100084
　　　　社 总 机：010-83470000　　邮　购：010-62786544
　　　　投稿与读者服务：010-62776969，c-service@tup.tsinghua.edu.cn
　　　　质量反馈：010-62772015，zhiliang@tup.tsinghua.edu.cn
印 装 者：三河市龙大印装有限公司
经　　销：全国新华书店
开　　本：185mm×260mm　　印　张：11.5　　字　数：285千字
版　　次：2024年3月第1版　　印　次：2024年3月第1次印刷
定　　价：65.00元

产品编号：102095-01

前 言
Preface

我在 2015 年开始写作时，认识了很多志同道合的小伙伴。那时的我们都天真地认为：只要一直写、一直有流量，就能够获得收益。

但一直写不太可能了，因为各大平台都在压缩图文内容创作者的单日更新篇数，尤其是以今日头条为主的平台。一直有流量也不太可能，今日头条和百家号在 2019—2022 年这段时间里更新迭代无数次，进一步压榨以标题党为主流的创作模式，对于优质内容会不惜余力地大幅度推荐。

如果我们把 2015—2019 年称为图文自媒体的野蛮生长期，那么 2019—2022 年则是图文自媒体的秩序规划期。在接下来可预估的时间范围内，想要写出爆款文章，以及高单价文章的难度越来越大，因为平台规则在不断变化。而应对这些变化的终极手段就是图文内容创作者凭借自己的能力实现写作获取收益。

在今日头条平台提出"叫好又叫座"的观念之后，大部分平台的发展理念也发生了一系列的变化，而平台的理念之所以发生变化，本质上是因为供需关系发生了变化。如果我们站在

5年前甚至10年前看新媒体行业，图文内容创作者极度稀缺，通过写作获取收益难度相对较小。但现阶段，新媒体写作的人越来越多，写作获取收益的竞争压力也会越来越大。我们需要改变创作风格，只有创作出一个有价值的账号，才能在自媒体行业中分一杯羹。

这两点合二为一，就是我们本书的核心主旨：IP写作。我们需要给自己打造IP，需要把自己的产品打造成IP产品。很多人认为，打造IP是一件很困难的事情，站在普通人的角度，IP好像遥不可及。事实上，随着自媒体的发展，打造IP越来越简单，越来越容易了。即便我们无法成为大IP，也可以使自己成为中IP或者小IP。那如何成为小IP呢？要做到：让自己写的内容言之有物，让自己写的内容有人愿意阅读。

如果我们是蓝领、白领，那么可以写职场相关内容；如果我们是农民，可以写"三农"领域内容；如果我们是历史爱好者，可以写文史相关内容。这些内容与自己的兴趣、职业或未来发展相关联，只要持续不断地进行有规律、有技巧的深耕，就能打造出一个又一个的小IP。但我们不应该止步于此，更应该从小IP向着大IP发展，让写作给我们赋能——不仅是写作获取收益，更重要的是写出一个真实的自我，写出一个有IP属性的自我。

刘丙润

2023年10月

启蒙篇　如何写出叫好又叫座的优秀爆款文章　1

第 1 章　新媒体写作获取收益的五大底层逻辑　/3

  1.1　流量逻辑：读者与创作者的双诉求　/3

  1.2　高品质逻辑：读者被动挑选本能　/9

  1.3　明星效应逻辑：流量分流必然性分析　/11

  1.4　平台商业逻辑：为平台赚符合规则的利益才是王道　/14

  1.5　平台多元化逻辑：自媒体创作者频繁更改创作方向的原因　/16

  1.6　新媒体写作获取收益与底层逻辑的深度关系　/20

第 2 章　新媒体流量团队玩法及个人内容获取收益分析　/22

  2.1　新媒体团队玩法案例讲解　/22

  2.2　团队玩法违规可能性分析及个人规避事项（包含平台态度）/25

2.3 团队玩法对新人的启示 /28
2.4 个人新媒体试错成本分析 /30
2.5 爆款内容与深度优质内容的底层逻辑分析 /32
2.6 个人获取收益难易度排行及浅析 /34

第 3 章 如何写出叫好又叫座的爆款文章？ /37

3.1 叫好又叫座的爆款文章是什么样的？ /37
3.2 叫好又叫座文章的 5 点诉求 /39
3.3 叫好又叫座文章潜规则及风险性分析 /43
3.4 叫好又叫座文章对流量及单价的影响 /46

商业被动赋能篇
新媒体与商业合作的关系

47

第 4 章 商业合作的本质 /49

4.1 平台商业合作的几种模式讲解 /49
4.2 线上商业合作与线下商业合作的区分 /53
4.3 商业合作的底层逻辑分析 /54
4.4 商业合作的三项数据分析 /56
4.5 如何打造商业合作账号？ /58
4.6 商业合作中账号与粉丝的必然联系分析 /62

第 5 章 商业合作报价及收益实操教学 /64

5.1 新手账号报价与甲方反馈问题解读 /64
5.2 可参与商单活动平台介绍 /67
5.3 商单审核流程及平台托底流量问题讲解 /71
5.4 商单合作的 7 点禁忌事项 /73

第 6 章 图文新媒体商业合作是如何产生的？ /76

6.1 浅析平台发展大趋势 /76
6.2 矩阵接单及个人接单区别 /77

6.3 市场行情下，部分平台商单压价问题 /80

6.4 新媒体图文商业合作始末分析 /82

6.5 新媒体商业合作未来趋势分析及个人获取收益分析 /83

商业主动赋能篇
新媒体与图文带货分析

87

第 7 章 可进行图文带货操作的新媒体平台类型 /89

7.1 今日头条平台带货要求及权限开通方式 /90

7.2 百家号平台带货要求及权限开通方式 /94

7.3 知乎号平台带货要求及权限开通方式 /95

7.4 公众号平台带货要求及权限开通方式 /96

7.5 企鹅、大鱼等平台带货要求及权限开通方式 /98

第 8 章 新媒体图文带货利润及市场分析 /100

8.1 图文带货利润解析 /100

8.2 图文带京东、淘宝、拼多多货物利润分析及比较 /104

8.3 图文带货利润及市场分析 /112

8.4 图文带部分货物禁忌事项分析 /114

第 9 章 新媒体图文带货基础操作及后期数据维护问题 /116

9.1 微头条、动态带货模式详细教程 /116

9.2 图文带货模式详细教程 /121

9.3 知乎、公众号带货模式详细教程 /123

9.4 图文带货后期数据维护问题 /124

9.5 图文带货发文规律 /125

个人 IP 获取收益篇 127
线上与线下流量互通分析

第 10 章　新媒体图文引流必要性及操作误区　/129

　　10.1　新媒体图文在什么情况下需要引流？　/129

　　10.2　新媒体图文引流操作的几种常见误区　/131

　　10.3　新媒体图文引流的平台区分对待　/133

　　10.4　新媒体引流的公域转私域问题　/134

第 11 章　新媒体引流目的及后续数据维护问题　/137

　　11.1　新媒体平台引流目的分析　/137

　　11.2　私域流量如何打造可信服人设　/138

　　11.3　私域流量如何做数据维护？　/140

　　11.4　私域流量变现实操　/142

　　11.5　私域流量 = 让自己变成有价值的人　/142

新媒体未来篇 145
未来 5~10 年新媒体趋势预估

第 12 章　新媒体红利、趋势分析　/147

　　12.1　未来 3~5 年新媒体平台发展模式预估　/147

　　12.2　新媒体红利三要素　/150

　　12.3　新人入场新媒体，还有无必要？　/152

　　12.4　新媒体主流价值变化分析　/152

　　12.5　新媒体未来限流甚至封号的几种行为　/154

第 13 章　新媒体内容创作者发展方向及获取收益路径分析　/158

　　13.1　新媒体图文发展方向预估　/158

　　13.2　新媒体视频发展方向预估　/160

13.3　新媒体直播发展方向预估　/161

13.4　新媒体小说发展方向预估　/162

13.5　新媒体获取收益主要路径趋势变化　/163

13.6　新媒体发展会放弃图文板块吗？　/164

第 14 章　新媒体核心本质及新媒体创业的几点建议　/167

14.1　新媒体五大核心本质　/167

14.2　新媒体创业为何是年轻人创业的极佳选择？　/169

14.3　新媒体创业全职与兼职问题分析　/171

14.4　关于新媒体创业的几点建议　/172

启蒙篇

如何写出叫好又叫座的优秀爆款文章

第1章 新媒体写作获取收益的五大底层逻辑

从 2019 年开始,各大新媒体平台规则频繁更改,但都没有跳出写作获取收益的五大底层逻辑。准确地说,自媒体写作正在从数量转向"数量+质量"模式,伴随着新媒体写作人数的越来越多,流量平台的整体数据相对克制,以图文为市场打造 IP 的难度逐步提升,对于质量的要求也稳步提高,只有数量没有质量的流水账式文章已经无法在图文市场分得更多利益。

如何通过写作获取收益,尤其是通过写作赚更多的钱,成为当下新媒体图文作者考虑的重中之重。本章我们讲的五大底层逻辑,基本可以定性为未来 3~5 年的图文发展风向标,且不会出现较大变动。

1.1 流量逻辑:读者与创作者的双诉求

新媒体图文流量从 2015 年起到 2022 年止始终贯穿其中的都是流量逻辑,那什么是流量逻辑呢?最通俗的理解是:只要有流量就会有收益,流量越多,收益越高。那么,为什么流量高等价于收益高?

因为流量的背后是图文广告,一般平台的广告(平台外部对平台投放的广告或平台关联广告)位于文章中间靠后部分或文章结尾处,文章阅读完成率越高,意味着广告展现比例越高,同时意味着广告展现概率越高(平台和作者双受益逻辑),而当两者做乘法计算时,流量越高与收益越高是可以画等号的(见图 1-1)。

图 1-1 流量高 = 收益高

1. 除百家、头条外的平台：流量定天下

绝大多数新媒体平台是以流量定天下的，这里的绝大多数一般泛指除今日头条、百家号、公众号之外的其他流量平台。以我个人的企鹅号为例，我们可以看到：在2022年9—10月，月收入能够突破1000元，对于小平台来说，能够获得这份收入已经非常不易（见图1-2）。

提现日期	金额	结算单	状态
2022-10-12	132.20	TOSS-ST-SDay-8-2210130522	付款成功
2022-09-30	117.62	TOSS-ST-SDay-8-2210010170	付款成功
2022-09-25	108.01	TOSS-ST-SDay-2-2209260499	付款成功
2022-09-21	368.70	TOSS-ST-SDay-2-2209220066	付款成功
2022-09-15	432.54	TOSS-ST-SDay-9-2209160619	付款成功

图1-2 企鹅号9月分发收益

但从2022年11月开始，流量收入急速下滑，甚至出现日收入不足一元的情况，而发生如此剧烈的波动，主要原因是流量的急速下滑以及账号更新不稳定（见图1-3）。

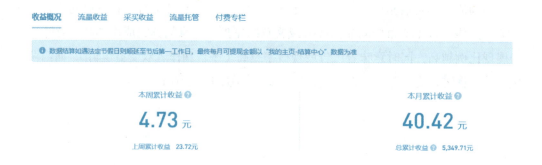

图1-3 企鹅号2022年11月分发收益

以网易号为例，优质账号可以获得高额补贴单价的机会，但高额补贴单价对于新手来说难度极大，绝大多数新手将图文内容向多平台分发时，主要考虑流量问题而不

是质量问题，因为对于小平台来说，质量的高低有可能影响到单价，但整体影响不大。我们只需要不间断地更新内容，达到量的数据极限即可。

2. 头条、百家普遍规则

相对而言，头条和百家号对量的要求有明显打压趋势。以今日头条为例，在2021年就已经有相关规则，如果单日更新文章数量超过5篇，就不太可能获得额外流量推荐。而百家号虽对部分优质账号和老账号开通无发文篇数限制，允许日更超过百篇，甚至日更极限值在1000篇左右，但也出现了单日更新数量过多、流量有所下滑的趋势。对于这两大平台来说，文章数量的多少不能决定文章收益的高低。

今日头条平台在前两年提出过"叫好又叫座"的写作方式，这种写作方式结合2021—2022年比较火爆的推荐官模式，在一定程度上揭示了未来一段时间今日头条的发展趋势，即优质文章获得优质流量，获得优质单价，获得优质收益。

这是一条完整的数据链，同理，百家号的流量波动也取决于此，对于优质内容、优质文章给予原创标识，给予优质加V，给予平台流量倾斜，扶持力度上也给予数据保证。但是，今日头条和百家号又有很大区别，主要区别在于2022年11月今日头条推出的系数维度以及2021—2022年百家号重点推动的活力值计划（见图1-4）。

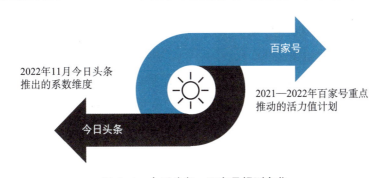

图1-4 今日头条、百家号规则变化

3. 头条：系数维度

今日头条在2022年11月22日发布了新版分成规则调整公告，可以简单理解为今日头条在2022年度进行的一次最大规模的利润改版。此次利润改版将收益分为明显的四大系数板块，分别是原创系数、优质作者系数、粉丝阅读系数、用户偏好系数。由以上四大系数叠加而成的基础千次阅读单价乘以总阅读量再乘以千分之一，即当日的总收益。

其中原创系数、优质作者系数、粉丝阅读系数和用户偏好系数的最高等级均为3。也就是说，如果以上四大系数的上限值为最优质作者的作者系数，那么该作者的千次阅读单价为基础千次阅读单价乘以81，而按照最劣质作者的作者系数计算，则该作者的千次阅读单价为基础千次阅读单价乘以作者系数1。

值得注意的是，这一次头条系数改版会产生一系列的连锁反应，如单价的涨幅、原创文章字数的高低与推荐关系等。但如果只分析其变动的具体数值，而不分析今日头条此次变动背后的深意，那么数值的分析也变得没有任何意义。

从头条关于基础千次阅读单价基本不变，且与广告曝光绑定，同时作者系数影响阅读单价的背景来看，平台正向着赢者"通吃"的局面发展。也就是说，优质作者收益更高，劣质作者收益更低，以良币驱逐劣币的形式维持平台的良性发展。

此次变动类似2019—2020年取消文章、问答青云计划以及取消月度优质相关评奖的变动，即在有限的资金池里让优质作者获得更高收益的底层逻辑。所以在今日头条进行内容创作时，我们提出以下三大基础论调。

论调一：5000字及以上的长文没有实质意义。往期部分内容创作者为了获得更高单价，往往写出4000字、5000字甚至1万字、2万字以上的优质长文，但经历了今日头条系数维度改革后，万字长文数量明显下跌，因为文章总字数在2000～2500字就已经具备文章字数超过5000字的基础单价。

论调二：优质内容及账号加V将会影响账号单价。优质账号或账号加V会影响到今日头条优质系数的"1～3倍波动"，意味着收益最高与最低会拉开3倍差距。举个简单的例子：

账号当日总收益为300元，那么拥有优质作者系数，可以在原有300元基础上乘3倍系数，也就是单日收益突破900元。

论调三：对于图文内容创作者，尤其是工作室运营或多账号运营，一定要及时回复读者评论，因为用户偏好系数中占最大幅度的是互动量指标，即点赞、评论、转发、关注等功能，要针对读者的相关意见、观点、评论、互动做好数据维护（见图1-5）。

图1-5　今日头条三大论调

4. 百家：活力值

百家号的活力值是其近年提出的新理念，2022年下半年，百家号的活力值与内容创作者的单价挂钩，产生了新一轮的利润分成。2022年9月15日，百家号发布了"关于活力值分润加权定向邀请上线通知"。在该通知中明确要求首批策略于2022年9月8日面向图文、短视频内容生效。

（1）底层逻辑分析。接下来我们讲一下今日头条和百家号两大平台的底层逻辑，以及和其他平台的底层逻辑的区分。今日头条要求创作者创作优质内容且能够及时和读者互动，这是以营造优质生态环境为基调的。

百家号要求创作者具备活跃度，活跃度不与文章发布数量挂钩，而是与文章发布之后对账号、对平台的运营挂钩，说明百家号迫切希望创作者对百家号运营多加关注，而不仅仅把百家号当作单纯的内容分发平台。

对于其他的一些小平台，没有活力值即利润分成的相关诉求，只是和流量有关联，这也意味着部分小平台已经清楚地认识到：可以把这些小平台当作内容分发平台，在保持活跃的同时获得一份能接受的流量收益。

（2）创作者诉求：优质互动。上面我们讲到的所有内容都是对图文内容创作者提出的合理诉求，也就是说无论小平台，还是今日头条或百家号等高收益、高运营、高质量的流量平台，创作者只有完成一定的平台指标，才能获得更高收益。

注意，这里的收益侧重于更高收益而不是普通收益，因为我们即使不能完成以上指标也能获得基础收益，但基础收益和双倍加成或81倍高系数收益仍然是有差别的。那么对于创作者来说，哪些要求是必须提出且必须做到位的呢？

①内容互动。内容互动指在文章中，在合理的位置，以合理的方式向读者展示自己的互动诉求。

例如：在文章结尾提问：亲爱的小伙伴们，你们对我刚才提出的观点如何看待？

此外，当读者在评论区留言时，创作者必须给予反馈，如果一篇文章有300个读者评论，而创作者却没有针对任意一个进行回复，那么相关系数也会有所下降。

②内容互动是良性的。想要读者有内容互动很简单，可以捞偏门、走诀窍，如有意挑起男女对立、有意创造不公平或者焦虑感，但这些内容打造出来的恶性互动并不能影响到文章单价，恰恰相反，因为恶性互动过多，可能会触发平台运营保护机制，进而对该篇文章进行限流或者引起平台流量监测官的注意，然后有一定概率对这篇文章限流，所以创作者需要的是良性互动，而不是恶性互动。

③适当保持原创和优质变得非常重要。从2020年开始，今日头条对青云计划的扶持力度的降低，以及相关的一系列奖励计划的陆续取消，使部分创作者迷失了方向。

但是从2022年开始，今日头条有了系数维度，加上百家号有了优质垂直领域的红V认证，在此基调下，创作者仍然可以回归原先的路线，以垂直内容创作为初衷，否则有极大概率会导致收益下降（见图1-6）。

图1-6 创作者三大诉求

（3）读者：高知增量。平台对于内容创作者有要求，是因为读者方面有阅读诉求。注意，平台不会对读者提要求，只会听从读者诉求，换句话说，读者的诉求在一定程度上影响了平台的决策或利润倾斜。那读者从2019年开始到2022年止，中间发生了哪些变化呢？

以今日头条为例，部分读者对平台中长篇大论的创作内容极度厌烦，从评论区中的部分评论就能够明显发现："说了一大堆废话，没啥实质意义，你这样的作者是怎么成为优质作者的呢？"

平台会主动地听从读者的意见，也正是因为听从了部分读者的意见，才开展了对长文作者的打压，文字越多并不能代表质量越高的时代已经来临。那么读者一般对阅读文章有什么诉求呢？整体来说，有两点：第一点是猎奇搞笑；第二点是高知增量（见图1-7）。而猎奇搞笑这一类型的文章一则容易打擦边球，二则即便我们不去讲，部分内容创作者也会朝这个方向发展。

图1-7 读者两大诉求

所以，我们重点讲解高知增量文章，这里的高知增量指的是能够给读者带来极大思维认知，以一种通俗易懂的方式给人们阐述道理，答疑解惑。举个简单的例子：

一位读者刚刚买了一套房，希望装修得高端大气上档次，那他在今日头条也好，百家号也好，阅读相关装修文章时，一定会选择看过去能够明白怎样装修的文章，而不是长篇大论的无营养的废话体文学，所以接下来我们该如何进行内容创作，大家就应该懂了。

1.2 高品质逻辑：读者被动挑选本能

注意，此处高品质逻辑重点侧重于文章的选题、内容和质量（见图1-8）。

图1-8 高品质逻辑三点要求

1.高质量评论影响流量

高质量评论是具备故事体起承转合，具备时间、地点、人物以及个人感悟的评论。高质量评论很容易引起其他读者共鸣，以引导更多读者评论（见图1-9）。

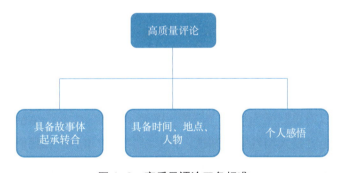

图1-9 高质量评论三条标准

我们从今日头条账号"冷面人的梦"置顶的文章——《为什么街上发传单的人会认真发完，而不是趁着没人时把传单丢到垃圾箱里》来看，其中"幸福已过期"读者回复了一条评论，评论内容如下：

我们经常请人发传单的，我们会不定时去看，一天看几次，如果你一直没在，那肯定是把传单丢了，如果要你发6个小时，是因为给你传单的量和那里的人流量来说基本不会有3个小时就发完的。①

---

① 评论中的错是根据上下文需要特意保留的。

这位读者的评论并不是特别优质，里面有逻辑漏洞，甚至有语句不通顺的地方，但仍符合高质量评论标准。

这条评论讲到读者个人经历的人、事、物，极大地吸引了读者的兴趣。如果遇到高质量评论，可以适当地将该评论置顶或对评论进行评论或点赞。内容创作者的权重比读者的权重大，如果我们对优质评论进行评论，那么该评论有一定概率被置顶或前置（见图 1-10）。

图 1-10　高质量评论

2. 高求知欲影响流量

高求知欲可以简单归类为科学、科普、辟谣、历史、文化、生活、百科、情感大揭秘领域，简言之就是人们特别想知道，但思维意识中知道的和我们讲到的有冲突的文章，或者能够抓住读者眼球、吸引读者阅读兴趣、具备知识增量的文章。例如：

《售楼处买房子可以谈价钱吗？听内行人说完明白了，能省好多钱》这篇文章在百家号达到了 10 万以上推荐量，将近 3 万阅读量，按照每万阅读量 50~100 元的单价计算，那么这篇文章带来的收益保守在 150~300 元（见图 1-11）。

图 1-11　爆款案例（1）

3. 高趣味性影响流量

我们可以把趣味性理解为可读性，同时趣味性又等同于反常识性或反认知性。例如，写一篇文章告诉人们 1+1 为什么等于 2，这篇文章或许不能带来多高的阅读量，但如果告诉人们 1+1 为什么等于 0，它所带来的趣味性要比 1+1=2 带来的趣味性要高得多（见图 1-12）。

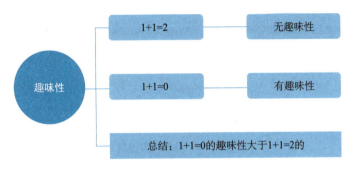

图 1-12　高趣味性影响流量

高趣味性简单来讲就是人们没有想到的有趣的点、稀缺的点或者想到过与我们结论截然不同的点，无论是奇葩的人、事、物，还是某些诡异事件、脑洞逻辑，均可以判定为高趣味性。如《辞职时，为什么领导非要请你吃一顿饭？这三个原因说出了真相》这篇文章。在普通人的认知中，辞职时领导很少会挽留，甚至还想扣工资。但有些领导非但不希望员工早点走，还要请员工吃一顿饭，那吃这一顿饭的意义是什么？这篇文章在百家号上获得了 10 万+的推荐量，将近 4 万的阅读量，带来的收益预估在 200～400 元（见图 1-13）。

图 1-13　爆款案例（2）

1.3　明星效应逻辑：流量分流必然性分析

从 1.2 节中可知高品质逻辑是普通图文内容创作者在写文章时需要把握的三点要求，达到这些要求后就有一定概率获得更高爆款。但我们在今日头条、百家号，甚至微博、企鹅号、公众号等相关平台阅读文章、浏览动态时会奇怪地发现：有些人写的文章完全不符合我们讲的所有写作技巧，甚至一篇文章只有20个字或者一张动图就草草发出去，竟然能成为获得10万、100万甚至1000万阅读量的大爆款。这是为什么呢？原因如下（见图1-14）。

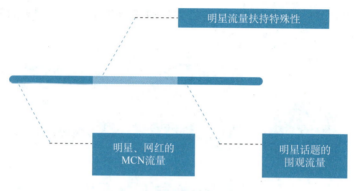

图1-14　明星效用逻辑

1. 明星本人

我们知道，普通图文内容创作者在创作文章和优质图文内容创作者创作文章时，平台给予的流量扶持是不一样的。同理，明星在发表文章、微头条时，所能获得的流量推荐也与普通人是不一样的。

一些明星本身就自带流量，他们拥有庞大的粉丝体量，他们如果入驻某一短视频平台或者自媒体平台，那么在发文章、拍视频、做直播时，就必然会挤压普通人的流量。

因为普通人也关注这些明星，这就是明星效应，明星效应是不符合平台推荐逻辑的，也是完全跳出普通图文内容创作者推荐逻辑这一环的。所以对于明星创作的内容、题材，我们完全没有必要借鉴，因为我们达不到明星的知名度。

例如，图1-15是某位明星发表了三个爱心加6张长图所带来的展现量：108万展现。这是绝大多数普通图文创作者很难达到的。

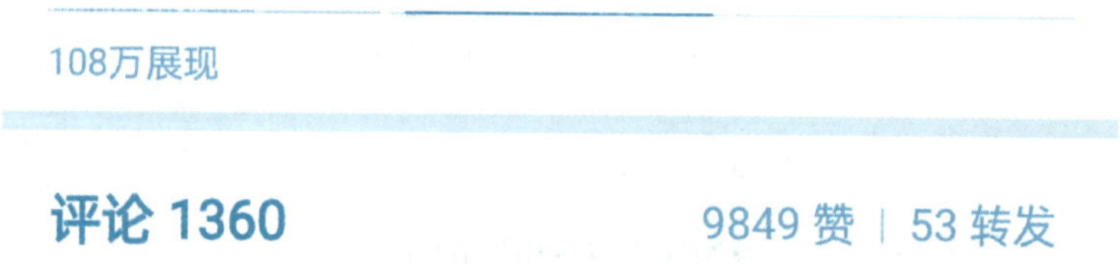

108万展现

评论 1360　　　　　　　　9849 赞　｜　53 转发

图1-15　真实案例讲解

2. 明星、网红的 MCN 流量

从 2021 年开始，部分明星、网红也有了自己的 MCN（多频道网络）机构，如某些网红在抖音、快手平台直播，直播完成后，挂钩的图文 MCN 机构和视频 MCN 机构会截取其中的图片或视频片段，在各大自媒体平台同步分发。他们创作的是某些明星或网红在直播时的某些经典话术或语录。外人创作存在一定的侵权风险，但 MCN 内部的人或者获得 MCN 授权后创作就不存在侵权风险了，而且因为明星效应，所以也可以获得高流量。

3. 明星话题（正话题、反话题）

明星话题与明星热点内容相似，明星拥有的正能量话题、负能量话题在达到一定数据后都会冲上热榜，引起大量观众围观。而围观人数越多，所获得的流量就越高。普通图文内容创作者也可以针对明星话题做内容创作，但是在没有收到相关主流媒体的官方报道，只搜集到小道消息时，一定要慎重创作明星话题内容。因为小道消息极有可能是谣言，作为普通人，如果为这些谣言推波助澜，也要承担法律责任。

我们再来看一下为什么明星发表文章或者微头条、动态时能够拥有更多的流量，无非是三条底层逻辑（见图 1-16）。

图 1-16　明星流量底层逻辑

名人效应泛指因为名人的出现所达到的引人注意、扩大影响的效应，例如，我们经常见到的某些产品需要明星代言，某些慈善活动因为明星的出席具备关注度。

而明星效应往往是打着明星的旗号提升吸引力。当我们进行图文创作时使用明星等相关人物的话题或明星自发参与新媒体创作，都能获得粉丝关注。

系统推荐数据：以今日头条为例，是 10∶1 推荐数据。

举个简单的例子：

一篇文章如果有 1 万个推荐量，1000 个阅读量，系统会默认这条内容质量不错，读者愿意读，会继续推送相关内容。而明星本身具备明星效应，有时会出现 10∶3 甚至 10∶5 的推荐量，阅读量比普通人更好一些。

群体效应指的是从众心理，当人们都进行互动、评论、转发、关注的时候，这篇文章、微头条或动态所能够获得的平台推荐就会更多。

1.4 平台商业逻辑：为平台赚符合规则的利益才是王道

平台的商业逻辑可以简单地理解为平台流量，早年平台的内容创作者少，内容读者多，为了鼓励人们从事内容创作，对创作者进行单价补贴、流量扶持的力度较高，而现阶段越来越多的人从事图文内容创作，因此图文内容创作就会反向补贴读者，而不是内容创作者。例如，我们在某些平台观看部分自媒体达人创作的内容时，能够领取到每分钟两分钱到一元钱的补贴。

也就是说，自媒体平台需要平衡利益，使利益最大化。创作者少了，给予创作者补贴；读者少了，给予读者补贴。当创作者和读者数量平衡的时候，付费流量就会应运而生（见图1-17）。

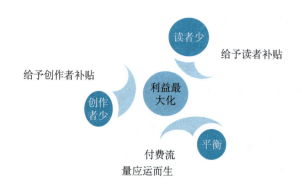

图1-17 平台商业逻辑

1. 平台付费与付费平台的区别

最为典型的是2022年11月11日前后两周的时间里，有将近20名学生在社群内或用私信的方式与我探讨：为什么这段时间流量极速下滑？发表的文章为什么没有人看了？我告诉他们"双11"也好，"618"也好，甚至包括"双12"，这都是全网的大事，各大平台都会有自己主推的带货达人，而带货达人进行图文带货、视频带货或者直播带货的时候，是需要花钱买流量的，普通自媒体图文内容创作者占不到优势，这主要体现在文章流量下滑。

花钱购买流量属于黄金流量。"双11"活动策划方需要付费。但对于普通图文内容创作者来说没有必要，因为我们是从平台赚钱的，而不是向平台付费的（见图1-18）。

第1章 新媒体写作获取收益的五大底层逻辑

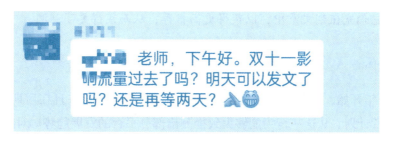

图 1-18 "双 11"流量降低案例讲解

这就涉及我们接下来需要重点讲的两大逻辑：平台付费和付费平台。

平台付费可以理解为平台花钱买我们的文章。我们把文章上传到平台，依托读者的阅读量，以及文章下方广告的展示数据，平台会给我们合理分配广告费用，以使我们获得一份收益。而我们上传的内容包括普通文章、知识付费文章、商业带货文章、软广硬广文章、品牌 IP 文章。

而付费平台可以理解为我们在平台上传文章，在流量不够的情况下，需要花钱购买流量，以获得更多展现和推荐。在付费平台中，目前比较火爆的只有百家号一个平台，而在视频平台中，如抖音、快手、小红书，都有付费的底层逻辑和数据支持（见图 1-19）。

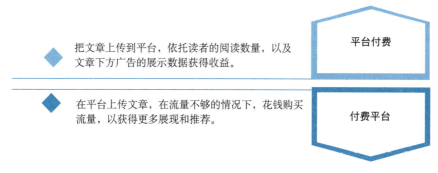

图 1-19 平台付费与付费平台的区别

2. 付费平台的案例简析

有人会说：我在新媒体平台上进行图文内容创作，就是为了获取高流量、高收益，为什么还会在平台上购买流量呢？这里举一个简单例子方便大家理解：

某自媒体创作者在百家号上发表了一篇文章，文章下面挂着小黄车，然后这篇文章获得的直接流量收益几乎为 0，而获得的商品卡收益却非常可观。带货销量突破 1000 单，销量乘以 30% 的佣金乘以每件 100 元的基础价，这意味着他这篇文章获得的收益突破了 3 万元。但是系统突然不推送了，那怎么办呢？他可在平台上购买百+

币,然后把它们充值到文章中,以获得更高推荐,从而获得更高利润。

3. 自媒体达人发展趋势

从 2020 年开始,今日头条平台陆续下架青云计划奖励,并且在后期提出"叫好又叫座"文章计划。从这一行为能够大致推测出部分平台的发展趋势。对于平台来说,让内容创作者通过自己的内容获取收益是最为合适的,而不是一直依托平台补贴。换句话说,创作者要学会自己养活自己,平台只是给我们提供了一个舞台。

那我们如何能够实现自己养活自己的写作模式呢?答案是:IP 写作,这也是本书的主题。

IP 写作是我们接下来可以用 3～5 年甚至 5～10 年坚持的写作方向,这个方向能够给我们带来超乎寻常的利益。

另外,新媒体写作获益趋势在未来一段时间里主要有流量收益、带货收益、知识付费收益、付费专栏收益、软广硬广收益和本地服务收益等(见图 1-20)。

图 1-20 新媒体写作获益趋势

1.5 平台多元化逻辑:自媒体创作者频繁更改创作方向的原因

以百家号为例举几个简单的例子:

2022 年 11 月 25 日,百度时代开票信息变更通知。

2022 年 11 月 7 日,图文、短视频、小视频原创作者发文权益进行调整。

2022 年 11 月 4 日,粉丝群进群审核功能上线。

2022 年 10 月 20 日,平台新增动态内容信用分规则通知。

2022 年 10 月 17 日和 18 日,将百家榜互动达人榜下线,将百家榜榜单进行调整。

2022年9月27日,提升优质领域创作者收益的通知。

百家号在短短的2～3个月里发布了7条通知,除此之外如网易号、一点号、搜狐号、企鹅号,甚至包括今日头条账号,都对收益及发文规则进行过持续且长久的规则变动。我们如果想打造IP账号,就一定要明白自媒体创作者想要吃自媒体这碗饭,需要不断地随平台的发展方向调整自己的发展方向(见图1-21)。

图 1-21　自媒体创作者调整创作方向的原因分析

1. 规则不可控性

平台的部分规则会通过内测的方式先发放到一小部分人的账号中,然后让这一小部分人反馈意见,如果这部分人没有反馈意见,则会把该规则推广到所有的自媒体账号上,但内测阶段没出现问题,并不意味着推广到所有自媒体账号时不会出现问题。本阶段没有出现问题,并不意味着在未来3～6个月不会出现问题。而一旦出现问题,平台应做到及时止损,尽可能在规则可控的范围内,实现平台利益最大化。

2. 矩阵批量操作性

2022年我曾经在厦门参与过一次新媒体图文领域的会议(百家号矩阵组织的活动),相关大咖出席了此次会议,包括南方某些省市的MCN矩阵等。它们的矩阵内部账号动辄超过100个甚至500个,通过3～5个人开通的工作室打通500个账号权益,以此实现利益最大化。这意味着什么?这里给人们举一个简单例子:通过某种方式实现关注解锁功能或者图文带货功能。

一个矩阵批量做号,就能够保证矩阵中10%～30%的账号有收益。它的基数是500个,甚至是1000个账号的矩阵,这意味着图文内容创作者,尤其是以个体为主导的图文内容创作者是没有办法和 MCN 矩阵抗衡的。

而 MCN 矩阵批量操作严重影响了平台对某些项目的扶持，为了平衡这种关系，平台很大概率会及时止损。最为典型的是某年今日头条账号可以通过优质创作者社群或矩阵渠道对优质内容创作者开通微头条或文章带货权限。其间，几乎整个平台铺天盖地都是带货微头条或带货文章，后来今日头条平台又紧急限制带货功能，甚至有一段时间即便粉丝达到 1 万，之前有过扣分行为也不予开通带货功能。

3. 项目利润受限性

各大平台的项目资金其实是有限的，以百家号为例，在早些年推出过"匠心计划"活动，该活动最开始是为了服务优质图文内容创作者或优质视频内容创作者，对优质内容给予 1.5 倍的分润。例如，如果你月收益是 1 万元，那么通过该分润可以获得额外的 5000 元补贴。

但是该活动推行 3 个月左右突然出现了问题，由原先的 1.5 倍分润直接变成了 1200 积分，百家平台上的 1200 积分可以等价换算为 120 元的京东卡，再到后来 1200 积分取消，改为平台组织活动，让所有"匠心计划"成员参与，按发文数量、阅读量等相关数据共同瓜分 2 万～3 万元的奖金。到 2022 年 9—12 月，"匠心计划"基本宣告结束。

平台出现如此大的活动波动，在一定程度上和项目利润有关联，当平台发现投资如此大的项目并不能够激发优质创作者的创作，或者优质创作者创作的内容没有任何增量的时候，该项目就极有可能终止或以另一种形式运行。

4."韭菜博主"规范性

在新媒体内容创作过程中，会有一类偏灰色的教学群体，任何一个新媒体平台都是如此。例如今日头条在 2019—2020 年大力推广图文带货，一些博主直接把其他创作者的框架拿过来告诉自己的学员，只需要一键复制就能够规避平台审核，在发布文章时不标记原创，保证 40% 以上的原创度就能有流量，以此获得收益；2020—2021 年，各平台大力度推广中视频，一些知识付费博主直接把电影、电视剧的剪辑教程告诉自己的学员，只需用剪映等软件混剪就能够获得足额收益。

这类知识博主以割学员韭菜为主，而且所教授的内容具备极强的可操作性。通常将这类博主统一称为"韭菜博主"，他们规范式教学，模块化创作，但创作的部分内容因为太过容易起量，很容易被平台察觉到。当这部分体量无法被平台容忍时，平台就会进行一系列的规则变动。

这部分博主往往有三大特点（见图 1-22）。

特点一，短期内的确能让学员见到成绩。

特点二，从事灰色内容创作很容易被平台针对。

特点三，学员并不能真正学到做自媒体的知识。

图1-22 "韭菜博主"的特点

这就又涉及另一个问题：平台创作的多元化逻辑（见图1-23）。多元化可以从两个方面释义：一个是主动多元化，另一个是被动多元化。主动多元化是为了平台能够生存下去，同时保证平台的综合利益最大化；被动多元化是因为平台制定的某项规则被很多人钻漏洞，尤其是以导师教学批量化操作的模式。

图1-23 平台多元化逻辑

如果是以个人的方式钻漏洞且知道的人少，平台短期内未必能注意到，也就不会进行一系列的改革，但如果是以矩阵模式或者以"韭菜博主"模式把漏洞无限度放大，那么基本上每一个入驻自媒体的创作者都知道该漏洞时，平台就必须被动做内容改革、方向改革或体系改革。

而在平台上深耕的我们，只需要记住一句口诀：平台动，我们动；平台往左，我们向左；平台往右，我们向右。紧跟平台的脚步才能薅到属于平台的第一把羊毛。

1.6 新媒体写作获取收益与底层逻辑的深度关系

前面我们一共讲了写作获取收益的五大底层逻辑，分别是流量逻辑、高品质逻辑、明星效应逻辑、平台商业逻辑、平台多元化逻辑（见图 1-24）。那么这五大逻辑和我们新媒体写作获取收益有何种关联？

图 1-24　写作获取收益底层逻辑

1. 原创度

《结构化写作》这本书中曾明确提出，作为自媒体人，原创是底线。无论从平台规则来讲，还是图文创作的初衷来讲，如果我们创作的内容不是原创的，那么违背上述五大逻辑的同时也会出现更严峻的问题：平台发现你剽窃别人的文章时会进行投诉、举报，严重者扣 20 分，180 天内连续因为抄袭问题扣分三次，会被永久禁止原创甚至封号。

所以，原创既是底线也是必须坚持的原则，AI 写作、语音转文字写作、复制到框架模拟写作或者抄袭复制写作等虽然能很快获利，但也意味着要承担平台扣分风险，甚至会被别人追究法律责任。

2. 爆款

对于新媒体内容创作者来说，打造爆款是终极目标之一，因为只有爆款才能带来更多的粉丝，继而为下一阶段的流量获取收益或 IP 获取收益做好准备。

爆款内容分为正向爆款和反向爆款（见图 1-25）。

举个简单的例子：我针对"老太太过马路该不该扶"这个选题，写了两篇文章。

第一篇写老人家一个人过马路很危险，且老太太手脚不灵便，万一出现意外后果不堪设想，所以我宁肯上班迟到，也要带着老太太过马路，周边的司机也都纷纷停下车，没有催促。

图 1-25　爆款的两种模式

第二篇写老人家一个人过马路，虽然很危险，但与我无关。更何况她过马路就算真发生意外，只要不是我撞的，就没我的责任。如果我扶着老人过马路的过程中出现了问题，老太太有可能会讹上我。

我们假定这两篇文章都是 10W+ 爆款。

很明显，第 1 篇文章属于正向爆款，第 2 篇文章属于反向爆款。当我们以积极的文字进行内容创作，就会收到读者积极的反馈，这部分反馈可以判定为优质评论，对文章的推荐能够起到很大帮助。

但当我们以消极的、负面的、无意义的文字意外获得平台推荐后，所得到的一定是读者的消极反馈。这部分消极反馈在账号运营初期，依然有可能触碰到平台的持续推荐机制，给予部分流量。但当消极反馈达到一定阈值，就很容易引起平台注意，进行限流，甚至封号处罚。

3. 流量认知

流量分为两类，一类是写作者主动争取的，另一类是平台被动赋予的。而平台赋予的流量需要我们创作的内容最少满足五大逻辑中的三个逻辑，平台才会在原有流量基础上给予我们更多流量扶持。

4. 创作转型

对于绝大多数 IP 写作而言，IP 的最终目标是走视频和直播路线。因为视频需要脚本，直播需要话术，而这两者都和写作密不可分。只有自己写出来的脚本和话术才能与自己的 IP 风格相统一。

第 2 章
新媒体流量团队玩法及个人内容获取收益分析

在 IP 写作之前,我们需要了解新媒体流量团队的玩法以及进行个人内容获取收益分析。本章的主要目的是让大家开阔眼界,从某些团队的新媒体玩法中吸取经验,从而使个人新媒体图文创作获得更大优势。

2.1 新媒体团队玩法案例讲解

新媒体团队玩法如图 2-1 所示。

图 2-1 新媒体团队玩法

1. 今日头条互助小组

今日头条最具含金量的是百粉权益中的问答创作收益和微头条创作收益,虽然头条的系数维度发生过变化,头条和问答的单价有所降低,但这两部分收益是为数不多的需要粉丝权限的。这就意味着我们在短期内把今日头条账号的粉丝做到 100 至关重要。如何做到 100 呢?今日头条平台上有各种互助小组,尤其是百粉冲刺小组、千粉冲刺小组以及万粉冲刺小组,在这些小组中发表内容,极短时间内就能让粉丝过百甚至过千（见图2-2）。

图2-2　今日头条百粉权益后台界面

而平台对于该种增长粉丝的模式，虽然一直有打击，但部分矩阵却通过这种玩法，让粉丝轻松突破100大关。从2021年到2022年今日头条的运营机制来看，如果单日增加粉丝量突破20，很有可能触发阈值，在之后的1~2周，即便有人点击关注，也不会产生粉丝关注数值的增长。今日头条百粉互动小组如图2-3所示。

图2-3　今日头条百粉互动小组

2.百家矩阵实操

百家号平台有部分矩阵手中掌握着100多个百家账号，而这100多个百家账号是由几个人或者一个工作室单独运营百家矩阵的。

下面以我的矩阵"丙润传媒"举例：该矩阵中的账号有超过5个是由我个人注册的，每日我会拿出2~3个小时进行图文内容创作，然后交给身边的助理，由他们负责内容分发以及流量监测。

还有一些矩阵有上百个百家账号，全平台收稿，把稿子收过来后，安排 2~3 个人负责对这些稿件进行审核，然后在百家号上进行内容分发。

3. 平台卖货矩阵

以抖音平台为例，抖音平台上的某些带货达人（头部网红）很容易实现当日营销数据破 8 位数，甚至破 9 位数。直播带货结束后，就有一批图文账号通过文章、微头条，以动态的模式创作头部网红的带货图文内容，以获得收益。

这些账号获得了该达人的授权或本就属于该达人，以此规避版权问题。这也就是为什么当我们看到某平台的达人卖货时，铺天盖地的文章和二次剪辑的视频也迎面而来，这些文章或视频背后就是 MCN 矩阵在蹭流量。

月入过 10 万案例讲解：

我有三位朋友，简称为朋友 A、朋友 B 和朋友 C，他们获取收益的路线如图 2-4 所示。

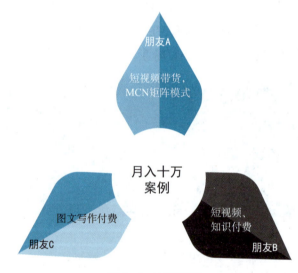

图 2-4　案例讲解

朋友 A 从 2019 年开始摸索短视频带货模式，曾经创下过一条短视频卖货突破 6 位数的收益，此后创立了一家公司，成立了 MCN 矩阵，主要任务是服务于自家账号的带货内容。到目前为止，虽然不清楚他们公司年估值，但在各大短视频平台都能看到他们直播卖书。

朋友 B 在 2021 年获得某位网红的切片授权，允许其将该网红的直播带货画面进行剪辑，然后挂载小黄车，通过网红直播+个人解说的方式赚到了第一桶金，每个月带来的流水大概在 10 万元左右，净利润也达到了 1 万~3 万元。

朋友 C 在 2020 年今日头条图文带货相关主题活动中尝到了甜头，月收入高达 3 万元，之后把今日头条的图文带货内容改编成微头条带货和问答带货，又把今日头条的带货内容同步到了百家号、大鱼号和企鹅号，形成了一整套产业链。工作室员工最多时达 8 人，每天持续输出带货内容近 20 条，获得了不菲的收益。

2.2 团队玩法违规可能性分析及个人规避事项（包含平台态度）

无论是团队玩法，还是 MCN 矩阵操作，都有可能涉及"灰产"区域，当然"灰产"之所以存在，有其存在的道理——MCN 对上可以承接平台，对下可以遥控创作者，属于平台的"高级打工仔"。那 MCN 矩阵在具体创作的过程中，有哪些行为可能存在违规呢？而我们作为个人，又可以汲取哪些经验教训，在早期进行图文内容创作时予以规避呢（见图 2-5）？

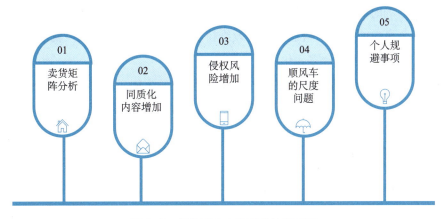

图 2-5 创作图文内容时的注意事项

1. 卖货矩阵分析

假设有一个 MCN 矩阵，我们把这个矩阵命名为矩阵 A。矩阵 A 创作的主要内容是网红 A 直播后的视频剪辑和图文编辑，该网红在某个平台上一场直播下来，净利润能突破 3000 万元。在网红直播过程中，MCN 矩阵把视频片段截取下来，让矩阵内所有授权账号从当天开始的 7 天内持续不断地发布该网红直播带货的视频内容，并使其获得很高收入。

上述操作就属于矩阵卖货的可能情况之一。除此之外还有一些矩阵，它们不服务于某些网红，而是服务于内容创作者。矩阵内部有特殊权益通道，也称为绿色通道，它们能第一时间对接平台负责人，平台给予矩阵各种福利或政策。例如矩阵内有 1 万人，通过绿色通道集中开通带货权限，这中间的带货利润超乎想象。

2. 同质化内容增加

同质化内容迅速增加会导致流量下降。例如：

2020年某位网红直播时推荐了某款牛排，然后几乎头条、百家两大平台的大部分矩阵创作者都在主推该款牛排。牛排售价67元，佣金是30%，只需要售出1单，就能够获得保底20元的利润。

可是，平台上这款牛排的推荐力度太大了，以至于只要看到头条，就能看到牛排。创作同一类目的作者越多，就越有可能重复创作，再加上读者视觉疲惫，牛排带货类产品马上就进入流量内卷，后续直接没有了流量，产品也卖不出去了。因为矩阵在暗中操作，它们明白什么内容好带货，明白什么风口好获取收益。而当一个矩阵知道什么好获取收益的时候，再加上矩阵与矩阵之间的交流，矩阵与学员之间的沟通，往往就导致某一个风口或某一个机遇只能有效维持2～7天，7天之后风口就没了，这也就是我在1.5节中讲到的平台多元化逻辑。

同理，因为矩阵创作的内容是同一类目或者同一方向，很容易出现相似的词汇、话术，而这些话术在一定程度上又会降低账号的原创度，使账号遭受损失。

3. 侵权风险增加

通过分析矩阵带货就会发现，矩阵中的部分内容创作者会对某位网红的某场直播做内容切片带货。作为路人，我们也想参与其中，于是我们就把某网红的直播视频或草稿文案复制过来，然后在下面挂上自己的小黄车，以文章或者视频的形式对外展示，如果阅读量少则问题不大，但如果阅读量高，很可能会收到律师函。

原因很简单，因为部分网红或明星只是把自己的版权授予自己旗下的MCN矩阵或者主动花钱购买MCN，然后由矩阵赋能给自己旗下的矩阵成员。普通创作者最开始不懂得其中的利害关系，觉得别人可以做，自己也可以做，稀里糊涂地把文章写上去了。结果第2天就被别人投诉下架，第3天因为违规、侵权扣20分，甚至还可能需要赔偿对方肖像权、名誉权损失。

4. 顺风车的尺度问题

如果我们把矩阵当成一个顺风车，个人在没有明确归属于某个矩阵的前提之下，理论上是可以搭各个矩阵顺风车的，例如：

当矩阵成员在图文带货时,我们嗅到了风口,别人带货我们也可以带货,别人带明星大 V 的货,我们就带普通人的货,未必非得有明星大 V,无非就是流量低一些而已。

但是注意,搭载矩阵顺风车有尺度约束,在这里可以简单理解为非必要、不完全(见图 2-6)。

图 2-6 矩阵顺风车尺度问题

非必要指的是矩阵的发展模式,个人可以跟风,但不要过度跟风。例如矩阵带货我们也可以带货,但我们不一定要和矩阵一样以如此高频率的形式带货。

不完全指的是矩阵的某些套路操作,不能完全照搬个人内容创作者,我们要走的是 IP 路线,而不是矩阵路线。矩阵路线可以当作"盗版"的 IP 路线或者与 IP 路线相冲突的路线,做好 IP 之后,自然会有矩阵,但拥有矩阵未必能成就 IP。

5. 个人规避事项

因为矩阵玩法归属于团队玩法,而通过矩阵玩法中的一些禁忌事项或者注意事项,就很容易类推到团队玩法的注意事项,那在面对团队玩法可能存在违规情况时,个人应该如何规避呢?

(1)明显存在 MCN 孵化行为的网红带货,不模仿。

(2)短期内平台激增的内容创作体裁,不创作。

(3)团队或矩阵有绿色通道申请提权的,努力争取。

(4)MCN 赋能导致的高收益或高流量,不羡慕。

简而言之,当我们准备走 IP 路线的时候,写作能力和网络流量敏感度固然重要,但发展方向是最重要的。

MCN 也好,团队玩法也好,在未来一段时间里,我们都会接触。一定要注意汲取一些适合我们的或者值得我们学习的内容,但不意味着把所有团队玩法照抄照搬。

2.3 团队玩法对新人的启示

在本节中针对自媒体行业新人做内容布局的实操方案的讲解，这些实操方案在未来3～5年仍然是适用的（见图2-7）。

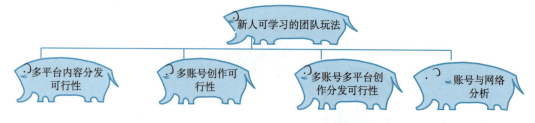

图2-7 新人可学习的团队玩法

1. 多平台内容分发可行性分析

同一篇文章、同一篇微头条或同一篇动态，是可以同时发在头条号、百家号、企鹅号、一点号和搜狐号上的。只要你创作的内容在半个小时以内同步到多家自媒体平台，都属于你的首发且原创文章。这里有一个误区，我们以百家号为例，可能很多人认为自己先发在今日头条上，再发布到百家号上就不属于首发了，只能属于原创，这样理解也是可行的。但是我们在多年的自媒体生涯中发现，如果在半个小时以内所有的内容全部排版完毕，然后同时点击"发布"，那么都属于首发原创，百家页面不需要单独点击"原创"，直接点击"首发"即可。

多平台分发实操：

打开我们要分发的平台，包括今日头条、百家号、企鹅号和一点号的发布页面，将一篇文章排好版，该点的按钮全部点击完毕，只剩一个"发布"按钮，接下来依次点击4个平台的"发布"按钮。以上操作就属于在该平台发布首发原创内容。

2. 多账号创作可行性分析

一个人可以同时分别注册今日头条或者百家号。以我个人为例：
需要保证一机、一卡、一证件，即一个手机卡、一个银行卡（身份证件人的银行卡）、一个身份证（见图2-8）。

图 2-8　注册账号三项要求

3. 多账号多平台创作分发可行性分析

当我们理解了多平台内容分发可行性和多账号创作可行性之后，接下来内容就更容易理解了。例如，团队有三个头条号、三个百家号，你可以把三个头条号创作的图文内容发布在三个百家号上。

自己安排好对应账号，每天发布的文章保证不重复，同一文章能发布在多个平台上，但在一个平台上只能选择一个账号发布。只要你能保证以上几点，那么多账号、多平台创作分发是可以的。而多账号、多平台分发和 IP 创作又有区别，确切地说 IP 创作需要依托多账号、多平台分发，可多账号、多平台分发不完全归属于 IP 创作，可以简单地把多账号、多平台创作理解为流量获取收益的一种和 IP 创作的补充。

4. 关于 Wi-Fi 二三事

多个自媒体账号（3 个以上）不建议在同一 Wi-Fi 下运营。

当创作者做矩阵账号或有足够精力运营多账号时，必然会面对这个问题。2019 年前后有这样一种说法：一旦多个自媒体账号在同一 Wi-Fi 下运营，比如团队拥有 5 个以上的今日头条账号，在同一 Wi-Fi 下注册且发表文章，有可能相互间影响流量。注意，这里指的影响流量，只是自媒体内容创作者的揣测，并没有真凭实据。但不少自媒体社群内容创作者都表示，同时运营多账号时，某一个账号突然出现爆款，该账号前后发表的内容以及同一 IP 下的其他账号发表的内容有流量减少的情况。

为了规避多账号运营问题，我们可以去当地营业厅咨询，是否可以多办理几个宽带业务。以我这边为例，每加 30 元就可以多办理一条宽带。

所以创作者也要权衡，如果办理 Wi-Fi 的费用就达到了 5000 元，而我们做的多账号平台一年下来的净利润 1000 元都不到，那办理 Wi-Fi 的意义不大，这个时候建议精简自媒体账号，让那些能获取收益的自媒体账号获得优先使用权（见图 2-9）。

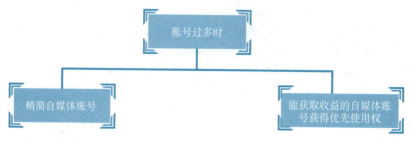

图 2-9 账号运营技巧

2.4 个人新媒体试错成本分析

当我们准备做新媒体图文内容获取收益时，就必然需要面对一个问题：试错。以我个人为例，2015—2019年不断试错，有的时候是拿自己的个人账号试错，有的时候是拿其他人的账号试错，其间犯过的大型错误不少于10个，甚至账号注销就有三四次。简单来讲，自媒体创作不要害怕犯错，犯错不可怕，可怕的是犯错之后不及时总结，一直犯同类型的错误。

1. 新人自媒体账号封禁的几种情况

接下来我们讲一下新人自媒体账号被封禁的几种情况。

（1）明显违法违规行为。进行图文创作时，因个人不注意，选择某些明显涉黄或某些软件二维码的配图，涉及国家军事、政治、国际相关的不当言论，恶意引导未成年人消费以及明显价值观有问题的相关创作。

（2）影视侵权行为。某些热播电影、电视剧通过剪裁，以视频、文章的形式发布或剧透或严重诋毁行为。

（3）搬运其他创作者在其他平台创作的系列文章。这里一般指创作者在A平台创作内容，没有对B平台进行内容分发。自媒体在B平台完整复刻创作者在A平台所有的昵称、姓名、签名等信息，然后把创作者在A平台创作的内容搬运到B平台，且被创作者发现。这种情况会予以追究责任。

（4）严重违背公序良俗。为了追求利益或点击量或曝光量，不惜伪造事实、宣传负能量、违背人伦（见图2-10）。

2. 明星侵权及散播谣言的处理措施

在账号封禁中有两种情况最为特殊，应及时止损（见图2-11）。

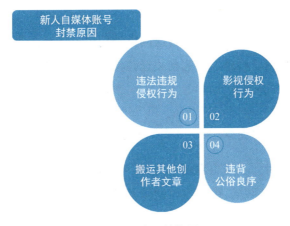

图 2-10 账号封禁原因

图 2-11 账号封禁额外补充

（1）侵权明星的图文内容。创作者创作娱乐、影视、综艺相关内容时，往往会用到某些明星的图片，而这个时候明星的律师给派发律师函，对创作者可予以惩罚，明确告知：如果不赔偿固定金额将会在法院起诉。这种情况分为两种：一种是明星知晓此次事件，一般明星也不愿将事件闹大，创作者可与对方的律师友好协商，看看能否将该篇文章在全网内删除，以减轻惩罚。二是明星不知晓这件事情，极有可能是律师工作室在暗中操作，谋求个人利益，仍然建议以私下协商的方式用最少损失赔偿对方，让自己获得最大利益。

这种情况一般出现在公众号上，尤其是企业端公众号。如果在今日头条、百家号上遇到这种情况，一般不严重。在和律师交涉的过程中放低姿态，保留证据，如果律师要进行诉讼，也要尽最大可能减少自己的损失。但是要注意，绝对不能装聋作哑，如果律师已经发律师函了，仍然不闻不问或者恶语相向，带来的损失只会更大。

（2）散布谣言。发布相关谣言之后应该如何处理？这里分为主动行为和被动行为。

如果是被动发布谣言，人们都在发，自己也信以为真，也发布了一条内容，得知内容为谣言后马上撤回并做删除处理。在这一过程中被官方警告，要勇于担责并及时下架，删除内容，如果收到某些平台或某些官方账号的指责批评，需要第一时间主动和对方沟通并进行道歉，把相关谣言予以下架，争取及时止损。

简单来讲，明星侵权以及散播谣言这两类处罚可大可小，而图文内容创作者只要是追求时事热点或影视、娱乐、综艺相关选题，很可能会遇到这类突发情况，及时应对，放低姿态，把损失降到最小即可。

3. 个人新媒体运营失误

在进行图文创作时，不要犯原则上的错误，如违背公序良俗、明显违法违规、具备煽动性。上述原则性问题，很多内容创作者并不会触及，但是由于不懂账号运营技巧而频频触碰红线的却大有人在。比如，同一篇文章是不允许同时发在今日头条的微头条、文章和问答三个板块的，如果这样做了，很有可能被判定为抄袭，180天以内连续三次出现会被永久收回原创权益（见图2-12）。

图 2-12　图文创作错误情况

2.5　爆款内容与深度优质内容的底层逻辑分析

爆款内容与深度优质内容的区别如图2-13所示。

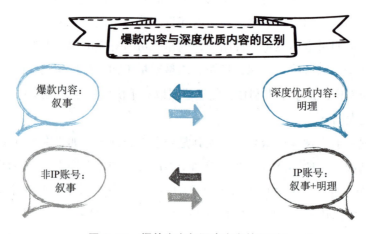

图 2-13　爆款内容与深度内容的区别

1. 叙事与明理

大部分爆款内容以叙事为主，例如：

讲一件事，可以讲亲朋好友之间的亲身经历，也可以讲某些明星相关的舆论，再或者讲历史上的猎奇事件、科学科普里面的辟谣事件，甚至是家庭教育相关的真实经历。

而深度优质内容以明理为主，例如：

家具的选择、家居的装修；某些名人为什么会成功；太阳为什么东升西落；历史上某一个朝代的政治、经济、文化。

读者读完这篇文章，他明白的是道理，得到的是感悟，他知道原来这件事情可以这样做，原来那件事情可以那样想。

2. 非 IP＝叙事

如果我们不准备打造 IP 账号，只希望能够写出爆款流量文章，吃短线利润，那就写普通流水文。普通流水文以叙事为主，可以把叙事等价于非 IP 账号。举个简单的例子：

做情感领域内容创作的，不需要做情感解读或者情感陪伴，遇到一些情感难题也完全可以不用讲，只需要写身边人遇到的糟心事，结尾再来一句：亲爱的小伙伴，你们如何看待这件事情呢？

3. IP＝叙事＋明理≠明理

有人会说，既然是非 IP 等于叙事，那 IP 就等于明理。其实不然，IP 绝对不是明理，如果只是单纯的明理，在新媒体图文写作的过程中会面对两种尴尬情况：第一种是没人看；第二种是因为没人看，所以没人推（此处特指推荐官方平台）。那如何能够打造 IP 账号呢？很简单：叙事＋明理（见图 2-14）。

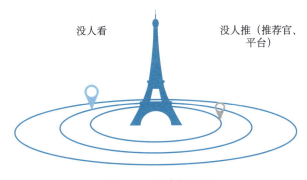

图 2-14　叙事与明理

假设一篇文章中故事占比在70%～80%，这个故事讲完了，我要让读者明白这件事情的前因后果、中间经历；要让读者明白这件事情是怎么演变成这个样子的。既要让大家读懂故事，又要让大家明白道理，所以我需要用文章篇幅的20%～30%讲道理。把道理讲清楚，让读者在读故事的过程中能够有感悟，这就是IP。反之，就是非IP。

2.6 个人获取收益难易度排行及浅析

接下来讲新媒体图文获取收益由易到难等级划分。写作能获取收益，这一点不假，但是怎样写能够获取收益？怎样写获取收益难度最大？注意，往往获取收益难度大，在某种程度上代表着获取收益利润高。因为难度大，所以门槛高，因为门槛高，所以想吃这块蛋糕的人就少，而蛋糕大小大体是差不多的，这个蛋糕只有两个人吃和2000万个人吃，结果是截然不同的。

1. 流量获取收益

流量获取收益非常简单，以今日头条和百家号为例，在当下只要你写出的文章有人看，你就会有流量收益，这部分流量收益很容易实现。如果你追求爆款文章，一天写10篇文章，这10篇文章中即便每篇只有1万阅读量，依然能够带来100～1000元的日收益。

2. 软硬广获取收益

软硬广获取收益可简单分成软广获取收益和硬广获取收益，软广和硬广的唯一区别在于创作者是否需要绞尽脑汁创作商业广告。例如，我曾经先后接到某学校会计招生相关选题的商业广告，要求我创作选题，自己创作内容，报价是1万元；另一个商业广告，只需要动一动手指，点击"发布"即可，带来的收益是800元。所谓的软硬广，可以简单理解为一个要求你自主创作，一个要求你点击"发布"（见图2-15）。

图2-15 软广与硬广的区分

3. 付费专栏获取收益

付费专栏简单来讲就是将我们写的文章组装成一个合集，想看这些文章就得点击购买。

图 2-16 为我在今日头条上开设的三套专栏课程，这三套专栏课程重点讲解了如何通过写作获取收益，如何通过写作获得高额收益。它们属于付费专栏板块。

图 2-16　三套专栏案例

4. 付费咨询获取收益

付费专栏本质上属于付费咨询，付费咨询可以简单理解为有偿为读者答疑解惑。有人会问：读者可提问的人很多，为什么会付费提问你？一定是你让读者觉得你值得被付费提问。那如何能够让读者认为你值得被付费提问呢？这就是 IP 获取收益。

以知乎平台为例：在该平台上一共有 6 位小伙伴对我发起过提问，而读者之所以从读我的文章转变为对我提问，一定是他们在阅读我的文章的过程中感受到了这篇文章的价值，认可了这篇文章的创作思维，同时认为我能够帮助他们答疑解惑（见图 2-17）。

图 2-17　知乎付费咨询

5. 带货获取收益（非关联）

带货获取收益主要考验的是写作功底，这里只讲解非关联的带货，因为关联的带货，尤其是历史、文化相关内容的带货，创作的难易波动较大。例如你是历史领域创作者，带货是偏生活领域的；你是情感领域创作者，带货是历史书籍。这种非关联是非常考验一个人的创作功底和能力的，创作难度相当大。尤其是在当下，微头条、图文、动态三者带货几乎达到饱和，我们再进入带货这个赛道，竞争激烈程度可想而知。

6. IP 获取收益

每一个人都是 IP，唯一的区别在于有人是大 IP，有人是小 IP。例如：

你在今日头条创作的领域为情感领域，认证了情感领域的 V，那么你就是优质情感领域创作者；如果你没有认证优质创作者，那么你可以是 100 粉丝的自媒体达人、1000 粉丝的自媒体达人或者粉丝破万的自媒体达人。

在自媒体创作过程中，要改变自己的思维意识，不要把自己当成一个简简单单的写文章的人，要背负使命感和责任感。我们本身就是 IP，只不过 IP 的大小不同而已，我们要争取的是从小 IP 到大 IP 的蜕变，而不是从大 IP 到小 IP 的沉沦。

第 3 章

如何写出叫好又叫座的爆款文章?

2020 年 3 月 25 日，头条号平台官方账号发布一篇文章《2020 第一季度：今日头条青云计划奖励了这些"叫好又叫座"的文章》，这篇文章指明了今日头条在 2020—2022 年的发展趋势，同时预估未来 3~5 年，也会按照该趋势持续发展，即要求内容创作者写出"叫好又叫座"的文章（见图 3-1）。

图 3-1 头条号发布的关于青云计划的文章

3.1 叫好又叫座的爆款文章是什么样的?

2019—2020 年，今日头条平台青云文章的发展模式明显发生了"畸形"变化：文章看不懂、看不明白，让读者读完云里雾里、不明所以。文章中引用大量的名人名言，引用各种精雕细琢的词汇，并且攀比之风比比皆是。一篇 2000 字能讲明白的文章，为了追求青云计划 300 元的奖金，被扩充成 5000 字、8000 字甚至 1 万字。

这在一定程度上违背了青云计划的初衷，而今日头条平台取消青云计划的同时，又在大力推广叫好又叫座的理念，平台的变化风向可见一斑。而我们今天讲的叫好又叫座的文章必须同时满足两点：有趣味性和有知识增量（见图 3-2）。

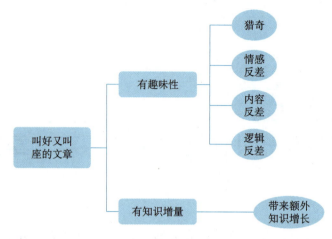

图 3-2　叫好又叫座的文章标准

有趣味性指读者喜欢读，愿意看，一般以猎奇、情感反差、内容反差、逻辑反差为主导。例如：我们写一篇科普类文章《为什么当今科学家，执着于算尽圆周率？》这样的标题有一定的吸引力，但是吸引力不足，不能够充分调动读者的猎奇心理。如果我们对选题稍加变动，改成《如果圆周率有一天被算到尽头，会出现什么后果？整个世界将被颠覆》则更能吸引读者，同时趣味性十足。该篇文章的阅读量达到了 7.5 万，按照每万阅读量 30 元计算，这篇文章带来的直接收益超过了 200 元（见图 3-3）。

如果圆周率有一天被算到尽头，会出现什么后果？整个世界将被颠覆

7.5万阅读　130评论　8个月前

图 3-3　案例讲解

有知识增量指能够给读者带来额外的认知增长，而不是单纯的东家长西家短、鸡毛蒜皮的小事，能够让读者读完这篇文章后获得知识。

例如：

《点了一份外卖，结果没有外卖骑手接单》这篇文章全篇都在吐槽、抱怨外卖骑手不积极、不主动、不负责以及外卖平台不能很好地服务客户，这种以吐槽为主的文章并不能带来知识增量。但如果把标题改为"点了一份外卖，一直没有骑手接单是怎么回事？看完你就明白了"，从平台、外卖骑手以及点外卖的顾客三个维度分析外卖员没有接单的原因，让读者明白这件事的底层逻辑，就是带来了知识增量。

这篇文章获得的推荐量超过 10 万，阅读量近 2 万，按每万阅读量百元计算，这篇文章的收益也接近 200 元，如图 3-4 所示。

图 3-4　案例讲解

3.2　叫好又叫座文章的 5 点诉求

想要让文章叫好又叫座，就需要使文章满足以下 5 点诉求。这对于新手来说难度较大，尽可能满足 3 点即可（见图 3-5）。

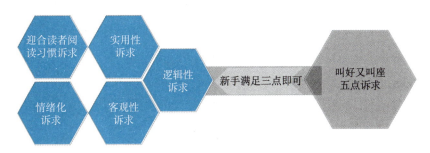

图 3-5　文章叫好又叫座的五点诉求

1. 逻辑性诉求

一篇文章的逻辑性一般有两条基准线：第一条基准线包括是什么、为什么、怎么办；第二条基准线包括因为、所以（见图 3-6）。

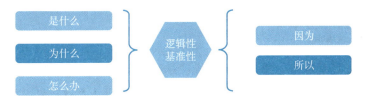

图 3-6　逻辑性的两条基准线

举个简单的例子：

如果我们写一篇文章《太阳为什么东升西落？》，其中"是什么"要求我们提出现象，对该现象下定义，即太阳东升西落；然后提出"为什么"，即太阳为什么会东升西落。对其原理进一步阐述，如地球的自转与公转、地球与太阳之间的关联，以及万有引力等相关物理学原理，再提出"怎么办"，即总结内容（对该篇文章做系统性总结陈述）。

同样的道理，以第二条基准线"因为、所以"举例：

因为地球与太阳之间有各种各样的关系，以及星球之间有万有引力，所以地球会围着太阳做运动，在做运动的过程中，站在地球上，太阳是东升西落的。

有人可能质疑：逻辑性诉求如果在写作过程中没有被满足，似乎也不影响一篇文章或一个账号的好坏。但我们要明白一点：在百家号平台上如果文章的逻辑性不好，有很大概率会掉原创或者掉V，如果从最开始内容创作时就没有逻辑性，那么连原创都过不了。一个账号如果连原创都过不了，就意味着很难在该平台获取收益，如果无法在该平台获取收益，就谈不上打造IP写作（见图3-7）。

图3-7　原创权益审核未通过图示

2. 实用性诉求

实用性需要满足3点，即上手可实操、难度不大、广义实用性（见图3-8）。下面我们以《如何装修房屋，能够显得高端大气上档次，聪明人都这样做》为例：

作者在文章中说，装修房屋需要3647万个步骤，把这些步骤逐个实行，哪怕你自己在家装修，也能够装修出漂亮的房屋。

图 3-8　实用性三点诉求

这样的内容本身就不具备可操作性，读者读这篇文章是为了获得知识，但文章提供的知识对于读者来说毫无意义。这是绝对不可行的。

同理，如果在装修过程中有一个环节特别困难，普通人根本无法尝试，哪怕是10年甚至20年的老师傅也只能勉强尝试，然后你告诉人们先不要急，在这个行业中摸爬滚打20年，就可以把自己的家装修得高端大气上档次。你提供的解决方案对于读者来说难度极大，也是绝对不可行的。

如果我们在一篇文章中重点讲解某一款极其特殊且生产企业已经破产倒闭的打印机在打印过程中缺墨，如何通过特殊方法给打印机加墨。这并不是人们想知道的知识点，也就不具备广义实用性。

3. 客观性诉求

在一些图文内容的创作过程中，读者可能会加入自己的主观意愿，举个简单的例子：

内容选题为"老小区改造电梯，1楼住户死活不同意，是否该对1楼住户进行道德批判？"在写这篇文章时，如果站在5楼住户或6楼住户的角度进行阐述，是很难获得我们想要的结论或观点的，因为5楼住户和6楼住户是既得利益团体。但如果站在1楼住户的角度叙述，也很难得到客观中立的结论，因为1楼住户本就不希望安装电梯。

所以我们在进行图文内容创作时，要跳出1楼住户与5楼住户和6楼住户之间的矛盾，站在相对中立的角度阐述安装电梯对1楼住户的好处、坏处以及对5楼住户和6楼住户的好处、坏处，才能得出一个大部分读者都认可的观点。

4. 迎合读者的阅读习惯诉求

读者的阅读习惯可以简单归类为文章题目（三段式）、封面配图（有特点）、开篇故事体（有吸引力）、文章逻辑（能接洽）。行文满足以上 4 点，就很有可能迎合读者的阅读习惯（见图 3-9）。

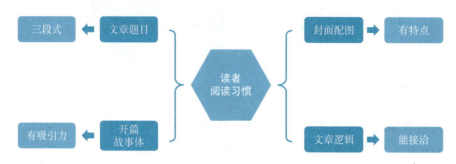

图 3-9　读者四大阅读习惯

关于文章题目三段式，我们可以直接查看一张截图（见图 3-10），这是一点号平台对于大部分图文内容创作者最直接的建议，当部分内容创作者写题目只以一句话或者几个字作为题目时，一点号平台会给予提示：文章题目以三段式更具备吸引力。

图 3-10　一点号三段式硬性指标

其余三点这里不再做额外讲解。在此只提出一个概念，便于人们理解。

5. 情绪化诉求

情绪化诉求可以简单理解为打造共鸣，共鸣是让读者有感触、有体会、有认知、有波动，让读者能够身临其境理解我们的所说所写，让读者愿意为我们写的文章点赞、转发、评论，甚至陈述读者心得。

例如一篇文章题目为《公司会如何看待有劳动仲裁记录的求职者？》，这篇文章很难带动读者的情绪诉求，即便部分读者在日常办公中会有这方面的顾虑或者存在劳动仲裁的情况，也无法带动读者的情绪，那就无法保证阅读量。

如果把文章题目改为"求职者有劳动仲裁记录，公司还会录用他吗？过来人说了实话"在一定程度上能够引起读者的情绪共鸣，通过对文章题目和内容的改造，更有利于让读者阅读这篇文章（见图 3-11）。

图 3-11　案例讲解

3.3　叫好又叫座文章潜规则及风险性分析

叫好又叫座的文章虽具备其潜在利润，但具备利润的同时也有风险。

1. 四大规则

叫好又叫座的文章原则上需要满足四点硬性规则，这里所讲的硬性规则和文章的叙述方式、写作的结构和技巧没有太大关联，而是使文章满足叫好又叫座要求的最基本门槛。

这四大规则分别是文字规则、配图规则、封面规则和题目规则（见图 3-12）。

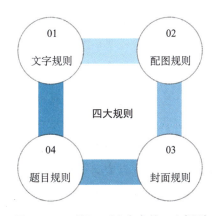

图 3-12　叫好又叫座文章的四大规则

1）文字规则

以今日头条为例，在 2022 年 11 月之前，想要让文章或问答达到叫好又叫座的口碑，就必须追求阅读时长，而一篇文章的阅读时长终究是有限的，所以为了增加阅读时长，原则上建议文章字数控制在 3000 字以内，甚至 5000 字以内。

但是 2022 年 11 月，今日头条提出四大系数，四大系数中只有一个系数提到了阅读时长，在一定程度上压缩了阅读时长在文章中所占的比重，所以叫好又叫座的文章从现阶段开始，字数建议在 2000~2500 字。另外，文章字数如果低于 1200 字，很难达到叫好又叫座的文章标准。

2）配图规则

我之前在某平台担任评委评选某些签约作者时，平台单方面提出，任何一篇文章如果配图少于6张，且图片形状各异，均被判定为劣质文章，没有获奖资格。虽然该说法有些极端，但也有其借鉴意义。

在写文章时，要有6张横版配图，也就是横着的长方形配图，不得采用模糊、像素不清的图片；图片上不得有二维码、联系方式、版权或其他创作者的信息等无关要素；历史文化相关领域文章因图片难找，很多时候只能使用模糊图片，暂且不做硬性要求。历史、文化领域模糊图片在使用过程中有明显形似二维码的要果断摒弃，防止被平台判定为带有联系方式（见图3-13）。

图 3-13　叫好又叫座文章的配图规则

3）封面规则

在2020年之前，我们强烈建议采用三图的封面配图模式，因为三图能展现的内容更多，但随着近几年的改版，一些作者通过数据发现三图也好一图也罢，并不会影响一篇文章的推荐量。所以在这里我们大胆改革，文章封面可以采用一图或三图，但文章封面首图至关重要：人物要重点突出，封面要尽可能有吸引力。

为了让人们更好地理解，我将自己百家号上的前5篇文章封面统一截图展示，如图3-14所示，以供借鉴。注意：封面如果采用纯风景画面或者与该话题内容无关的画面，阅读量会受影响。

4）题目规则

以今日头条和百家号为例，题目字数平台会控制在30字以内，当然，公众号、企鹅号、大鱼号以及部分平台账号的题目字数可能会超过30字，甚至会超过50字，但从读者的阅读诉求和阅读习惯来看，30字最佳。

所以，文章题目规则有三：第一，文章题目的字数要大于15字；第二，文章题目的字数要小于30字，且满足三段式逻辑；第三，文章题目要尽可能多踩关键词。只要满足以上三点诉求，就可以写出让读者感兴趣的文章题目。

图 3-14　封面配图优秀案例讲解

2. 风险性：付出收获回报比问题

首先提出一个问题：一篇文章写 1200 字和写 2200 字有什么区别吗？答案是肯定的，如果按照一小时能写出 1200 字来计算，一小时写出来的一篇普通文章相当于一小时写出来的半篇甚至三分之一篇叫好又叫座的文章。

这就涉及典型的回报率问题，如果我们付出如此多的精力，最终没有写出爆款文章，那么一周甚至三天就没有写作兴趣了，这对于绝大多数希望通过写作获取收益的人，打击是很大的。

今时不同往日，平台的规则变化很快（见图 3-15），而且伴随着平台图文内容创作者越来越饱和，只要优质、有深度的文章标准慢慢成为平台的发展趋势。在写作时，结合合适的写作方法和技巧通过写作打造 IP 获取收益模式是当下的写作获取收益必杀技。

图 3-15　平台规则变化

3.4 叫好又叫座文章对流量及单价的影响

1.1 节中讲到了头条系数维度改革。头条系数维度的改革包含四大维度，即原创系数、优质作者系数、粉丝阅读系数和用户偏好系数（见图 3-16）。而叫好又叫座文章原则上可以影响优质作者系数，这意味着什么？如果不影响优质作者系数，系数为 1；如果影响到优质作者系数，系数为 3，也就是 3 倍的收入差距。

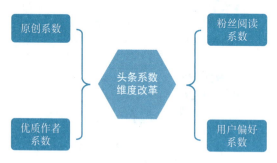

图 3-16　头条系数维度改革的四条标准线

如果我们在今日头条上进行图文内容创作，当月的收入是 3000 元，同时我们的优质作者系数是 1，那么把 1 改成 3，我们就可以轻轻松松实现月入过 9000 元，甚至实现月入过万，更重要的是叫好又叫座不仅会影响四大系数，还会影响基础千字阅读单价。我通过访问 40 位优质图文内容创作者得出结论：优质图文内容创作者的基础千字阅读单价基本是普通图文创作者的基础千字阅读单价的 1.5~4.5 倍。

商业被动赋能篇
新媒体与商业合作的关系

第 4 章
商业合作的本质

当写作从流量转为 IP 时，就必然要面临商业合作。例如商家有一款水杯，想与一些图文内容创作者合作，他们找到了你，给予你一定的报酬，然后提出要求，要求你在 5 天或两周时间内创作一篇文章，对这款产品进行详细介绍，如果你创作的内容符合产品方的诉求，产品方就会给予你对应报酬。

4.1 平台商业合作的几种模式讲解

平台商业合作原则上可以分为 5 种模式，分别是平台 + 作者、商家 + 平台 + 作者、商家 + 作者、作者 + 平台 + 商家、作者 + 商家（见图 4-1）。

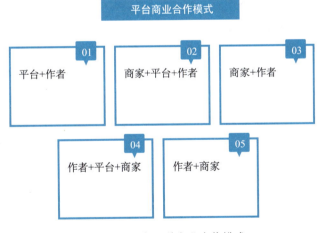

图 4-1 平台 5 种商业合作模式

1. 平台 + 作者

平台 + 作者模式可以简单理解为平台付给作者一笔佣金，让作者宣传平台希望作者宣传的内容。为了便于大家理解，举个简单的案例：

某平台正在推广自己的某款产品,但是平台发动自己的力量很难推广,所以就给该平台的部分内容创作者一笔钱,如内容创作者每写一篇300~500字的短文章,就给100元报酬。这部分报酬相对较低,但平台对内容质量把控不严,且内容创作者一个月会有5~10次接到小广告的机会。

那我们做个预算,如果按照每月能接10次广告,每次广告获得的报酬是100元计算,一个月能获得1000元的净利润。

我经常被邀请为某款产品做小广告,因为涉及各大平台,不便把完整截图给大家展示(见图4-2)。

图4-2 部分平台商单合作

2. 商家+平台+作者

商家+平台+作者模式可以简单理解为某些商家希望在某平台做付费推广或软广投流,但商家在该平台并没有作者基础,想要让图文内容创作者或视频内容创作者或其他内容创作者为该商家做产品推广,就需要在该平台上找几位优质作者,让这些作者带头为自己服务,但大多数商家根本不了解各大平台的推荐逻辑,也不清楚该找哪些优质作者为自己的内容做付费推广,索性直接找到平台,告知平台自己的需求,并承诺会给予对应的流量付费。

一般情况下平台会从商家和作者中分别抽取提成。各大平台规则不一样,举个简单的案例:

商家愿意拿出12000元,要求某平台图文创作者对产品做软广推广,那么平台在商家那抽取10%的利润提成,在作者这边抽取10%的利润提成,相当于平台共抽取20%的利润提成,剩下的由商家交付给作者。按照这一比例计算,平台在这次软广的商业合作中可以抽到2400元的提成。

这种合作模式的优势在于作者不需要耗费精力找寻商家合作,只需要和平台对接好,由平台对作者进行内容、任务分发,然后作者完成平台给予的任务即可(见图4-3)。

> 我跟您说一下商单的情况。
> 我看到您在XX上报价是1万,结算时会通过分润补款的形式打到您的XX账户上,您可自行提款。
> 创作需要按照客户提供的撰写方向进行,客户会有2次提修改建议的机会,到时需要您配合修改。
> 您创作完成后先不要发布,需要提交word版给我,我来和客户沟通修改事宜。

图 4-3 商家 + 平台 + 作者合作案例

3. 商家 + 作者

商家 + 作者合作模式可以简单理解为商家自己找作者为自己的产品做付费推广,因为商家清楚一旦经过平台,最少会扣除 10% 的利润。如果这部分工作由自己人运作,效益会更好一些。

通俗来讲就是商家会绕过平台的软广模式,直接找到内容创作者,给予内容创作者一定比例的报酬,要求内容创作者创作内容之后,交付给商家,由商家确认后便可进行内容发放。举个简单的案例:

如果按照之前商家 + 平台 + 作者模式,商家预计投入 1 万元,那么平台最少获得 2000 元的利润,但如果商家直接找到作者,以 8000 元交付给作者,那么商家可以节省 2000 元的成本支出。但这种模式有一个弊端,商家通过这种方式找到的作者是否可靠?内容是否会被平台判定为软广从而不予推荐?都没有办法得到保证。

一般是小平台或小商家做付费推广时常采用这种模式,大平台或大商家更愿意依托平台,毕竟需要交出一部分利润,能够获得产品的正常推荐甚至平台流量加持,才是最关键的(见图 4-4)。

11/30 12:09

 博主,您好,我想和您合作推广视频,可以吗?

「温馨提示」您已进入企业号咨询会话,为保障消费者权益,沟通等服务信息将被记录,感谢你的理解。

图 4-4 商家 + 作者合作案例

4. 作者+平台+商家

作者+平台+商家与商家+平台+作者这两种模式的不同在于商家与作者的主动与被动关系，简单来讲，这中间起到主要决策作用的一个是商家，一个是作者。部分平台会把优质作者邀请到社群中，在该社群中对优质作者开放商单合作机会，例如：

某款品牌需要10～20个人同时创作，然后平台要求作者进行内容创作，如果某些作者创作完内容之后，还希望继续接商单获取收益，一般他们会在该社群中询问官方工作人员现在是否有更多的商单机会，以便给自己带来更多的商单利润（见图4-5）。可以简单理解为，前者是商家主动追求作者进行内容创作，后者是作者主动追求平台，要求商家给予内容创作的机会。

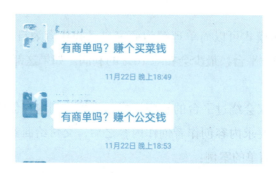

图4-5 作者+平台+商家合作案例

5. 作者+商家

作者+商家合作模式可以简单理解为作者跳过平台主动找到某些商家，希望与其合作。

相比于商家+作者合作模式，作者+商家模式只是供需关系替换了（见图4-6）。作者有写商单的诉求，找到之前合作过的商家，主动询问是否有再次合作机会，这属于作者与商家之间的单独合作。

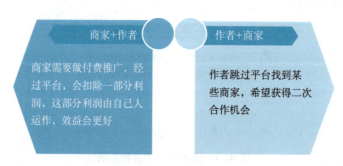

图4-6 商家+作者与作者+商家

4.2 线上商业合作与线下商业合作的区分

以上5种合作模式的不同之处在于有无平台参与其中，据此可分为线上商业合作和线下商业合作（见图4-7）。

图4-7 线上与线下商业合作

1. 线上商业合作＝有平台

线上商业合作一般由平台为媒介或以平台为担保，出现任何问题，无论是作者方面还是商家方面，都可以找平台单方面提出诉求并且予以解决，而平台既然收取了佣金就必须服务于作者和商家。所有的服务方式和服务类目以文字形式明确，也就是说平台的服务如果不能使作者和商家满意，那么作者和商家可以直接追责到平台的相关负责人处。

2. 线下商业合作＝没有平台

线下商业合作一般是商家通过各种小动作绕开平台监管，或内容创作者绕开平台监管接触部分商家，双方一拍即合，这种做法无法保证内容的有效性及创作方式的合法性，也无法得到平台的庇护。

3. 风险分析

从理论上讲，通过线上进行商业合作，风险比较小。通过线下商业合作的方式与部分平台商家、企业、产品达成合作有哪些风险呢（见图4-8）？

风险一：限流风险。商单合作原则上属于软文推广，软文推广在系统中会有几个关键词或关键指标，一旦触碰到关键词或关键指标的约束，该条内容就会被限制流量。

风险二：封号风险。部分商单是不可以随便接取的，尤其涉及财经、法律、健康、医疗等内容时，更应该谨慎，关于这一点我们会在5.4节中详细讲解。

图 4-8 线下商业合作的三大风险

风险三：收益无法到账风险。因为商家绕过平台，所以就不存在先把钱交给平台由平台保管等一系列流程，属于我们自愿参与的商业合作，那决定权并不在平台，而是在商家，如果商家判定为内容选题不合适，或者商家在我们创作完内容后直接跑路，那我们就很难获得收益。

4.3 商业合作的底层逻辑分析

学习本节之前先问一个问题：如果你是某企业的老板或者你是某个产品的设计师，你为什么会让内容创作者 A 或者 B 为你做图文软广？换句话说，你准备在今日头条或百家号上花 10 万元给图文内容创作者，让他们为自己的产品做宣传，那你是如何选择把这一笔钱给 A 还是给 B 的？这就是本节的重中之重——商业合作的底层逻辑：商家为什么会把这部分利润分给某一个或某一批图文内容创作者。

一般来说，平台能够把商单交由你单独创作，那么你的账号一定有过人之处，即需要满足以下三点诉求：有群体、有粉丝、有保障（见图 4-9）。

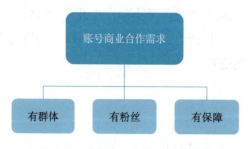

图 4-9 账号商业合作的三大诉求

1. 有群体账号

很多人可能会混淆群体和粉丝，认为自己的粉丝数量多了就能够接到很多很好的软广，利用这些软广获得很多收益。其实不然，我曾经洽谈过的商业合作中有粉丝不足 1000，但单条商业广告报价 4000 元的；也有粉丝超过百万，但单条广告报价不足

500元的。

粉丝和群体一定要区分开，准确地说群体是有诉求的。举一个简单的案例：

我从2022年3—9月一直在B站从事小说内容的视频讲解，虽然粉丝数仅有2万多，但是商业报价最低2000元。我认识的一些小说平台编辑为了能够加入我的社群，发1～2条语音加文字加图片的广告，我的报价远超2000元。

所以群体至关重要。这就意味着你有什么样的群体，你就适合接什么样的广告，例如：

如果你是做教育领域的，那么成人教育、老年人或相关特殊专业教育更有可能找你做商业推广；如果你做历史、文化领域，那么出版社或相关历史书籍作者更有可能找你做推广；但如果你做情感领域、娱乐领域等，那么你能够接到的商单相对较少，尤其是情感领域和非本地的生活领域（见图4-10）。

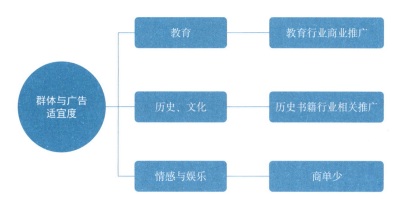

图4-10　不同群体的商业合作区分

2. 有粉丝账号

有粉丝账号就很容易理解了，即单纯的粉丝数量。以我的百家号为例，其在百度平台上的粉丝超过30万，每接一条商业广告的最低报价是6000元，平均报价是1万元。

3. 有保障账号

有保障账号就比较特殊了，一般商家通过某些特殊数据或由官方平台直接提供数据协助定位有保障账号，针对的主要是在往期2～3个月里所接的商业广告均阅读量。

如果商家的最低期望值是10万阅读量，而在过去几个月里你接的10个商业广告均阅读量都能够突破10万，那么商家就会放心地把这一单商业合作交到你手中的账号上。但如果无法满足，例如：在过去5个月内一共接了10个商单，而这10个商单的均阅读量不足100，那么该账号属于无保障账号，平台或者商家不会将该商业合作交付到你的手中。

4. 利益互换

所谓利益互换，即你帮助我、我帮助你，你把你的账号贡献出来，以单条8000元也好，1万元也好，单独留出一个位子，分发品牌的内容。

如果该条内容出现爆款，品牌赚；如果该内容没有出现爆款，品牌亏（见图4-11）。但品牌也有底线，亏可以，不能亏得太离谱。所有商业合作的本质都是利益互换，无论是大型商业合作还是小型商业合作。

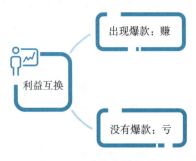

图4-11 商家利益图示

4.4 商业合作的三项数据分析

前文提到定位有保障账号的方法。那么定位有保障账号需查看的关键数据有哪些呢？准确地说，品牌方能够查到的关键数据可能会超过10个，而其中判断能否合作的关键数据有可能超过7个，可以总结为三项关键指数，分别是达人近期数据、合作领域对标和往期数据库分析（见图4-12）。

1. 达人近期数据

达人近期数据可以简单理解为在过去三个月里创作的所有内容的均阅读量以及均点赞、关注、收藏相关数据的变化，举个简单的案例：

在过去的三个月，我们在百家号上一共创作了50篇图文内容，而获得的阅读量

图 4-12　商业合作的三项关键指数

超过了 5000 万。这就意味着平均每篇图文内容的阅读量基本能够达到 100 万左右，而这样的阅读量非常符合品牌方预期，所以品牌方就会放心地把该商业合作交付到我们的手中。

简单来讲，品牌方需要根据你往期的数据预测这条商业合作内容在你的账号上以图文的形式发送出去之后，能够获得多大的阅读量，再确定合作事宜。

2. 合作领域对标

仍以百家号为例，创作领域可以分为娱乐、影视、军事、动漫、汽车、教育、生活、科技、科学、文化、历史、情感、三农等。举个简单的案例：

作为某所会计学校的老师，我希望能够在互联网平台上扩大校园影响力，并借此尽最大可能多招聘一些学生，那么我找到了百家号的官方负责人，把自己的合作想法告诉他，那么这个时候官方负责人会给我推送哪一个领域的创作者呢？他会给我推送娱乐领域、影视领域、军事领域、动漫领域、汽车领域的内容创作者吗？

答案是否定的。他最大概率会推送教育领域，而教育领域又有很多分支，可以分为职场教育、励志教育、学习教育等，而在这些教育分支中，又有进一步的细分，最终由学习教育相关达人创作者接到我的商单，因为只有这样才能够保证品牌方的利益最大化。

3. 往期数据库分析

部分平台的达人创作者在接商单之后所产生的一系列创作行为，平台都有记录，方便品牌方查看。因为涉及诸多算法以及品牌方和平台之间的利益关系，这里不过多讲解，但需要注意，品牌方会通过判断达人创作者在过去一段时间里接取的商单数量、接取商单之后的创作质量，以及创作完成之后所带来的阅读量和市场效应决定是否与其合作（见图4-13）。

图4-13　商单评判标准

4.5　如何打造商业合作账号？

易获得商业合作的账号的特点如图4-14所示。

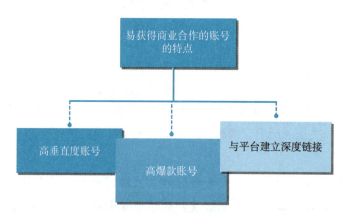

图4-14　易获得商业合作的账号的特点

1.高垂直度账号

这里以今日头条平台、百家号平台和知乎平台为例讲解。在今日头条和百家号这两大平台上，只要是高度垂直账号，都会被赋予优质创作者称号。

知乎账号的高度垂直更像在对商家示好，例如：

在2019年我教授的某位图文内容创作者从知乎转战头条、百家，是因为在知乎平台上每个月只有2000～4000元的收益，而且这笔收益也不是来自文章流量，而是凭借着5000左右的粉丝，每月能接3～4个商单，每个商单的报价是1000元。

他在知乎创作母婴类目相关内容,虽然现在母婴类目的图文获取收益能力稍弱一些,但他的商业合作能力还是比较强的。

高垂直度账号有何优势呢?为什么各大平台或各大品牌方都在力推图文创作者要做到高垂直度(见图4-15)?

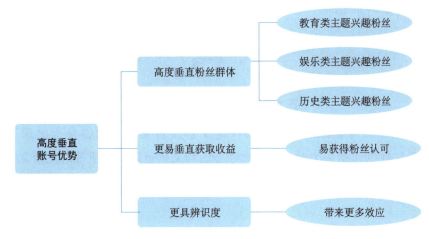

图4-15 高度垂直账号三大优势

(1)高垂直度代表高度垂直粉丝群体,如果你的内容全部是做教育的,那么你的粉丝全部是对教育感兴趣的;如果你的内容全部是做娱乐的,那么你的粉丝全部是对娱乐感兴趣的;如果你的内容全部是做历史的,那么你的粉丝全部是对历史文化感兴趣的。

(2)垂直粉丝群体更容易垂直获取收益,如果你的粉丝全部是对教育感兴趣的,那么你的图文内容中一旦涉及青少年教育,就能够吸引大量的粉丝关注阅读。因为在过去时间里你的内容创作已经获得足够威望,当进行部分商业推广时,粉丝也会心服口服,而这部分内容叫作垂直获取收益。垂直获取收益相比于不垂直获取收益,在商业合作中获得收益更大。

(3)垂直粉丝群体更具辨识度。以今日头条为例,只要你能保证自己的账号出现10~20条爆款头条或者50~100篇爆款文章,想要获得5万~10万粉丝还是非常容易的。如果你最开始写的内容并不是垂直领域而是热点,全程追热点,只需要坚持一到三个月就能够保证粉丝突破1万,但这部分粉丝其实不具备辨识度,并不能带来更多收益。

2. 高爆款账号

如果我们在某个平台上连续创作10篇文章,这10篇文章中有一篇文章获得了千万阅读量,其余文章的阅读量都没有超过10个,那么这属于高爆款账号吗?单纯从平均数值来看，也基本保证了每篇文章的阅读量在 100 万左右，但是如果去掉一个最高值，去掉一个最低值，均阅读量是个位数。显然，其并不属于高爆款账号。

如果我们在某个平台上连续创作 10 篇文章，这 10 篇文章中有 3～4 篇获得了百万阅读量，有 3～6 篇获得了 10 万阅读量，其余文章获得一两万阅读量，那么从平均数值来看，去掉一个最高值，去掉一个最低值，均阅读量过万，甚至过 5 万，属于高爆款账号（见图 4-16）。

图 4-16　高爆款账号判断标准

所以，判断高爆款账号不是看某一篇文章或者某一条内容是否出现了高阅读量，而是看往期创作的一个时间段内，账号的均阅读量以及随机抽取几篇文章所能够带来的实际阅读量。所以，如果我们希望获得更高报价的商单，就需要有黏性粉丝群体。

3. 与平台建立深度链接

在平台上接取商单的模式属于商家＋平台＋作者模式，也就是商家把诉求告诉平台，平台联系作者，那么能否与平台深度链接就成为重中之重。举一个案例：

以我的百家号为例，虽然有 30 万粉丝，属于教育类目，但是教育类目里面粉丝数量在 30 万左右的有数百个，甚至上千个，那在如此多的账号中如何判定你的账号是最有价值的？如何能够让平台觉得在遇到这种商单时会第一时间联系你？因此能与平台建立深度链接变成了重中之重，而与平台建立深度链接的方式有很多，举几个简单方法（见图 4-17）。

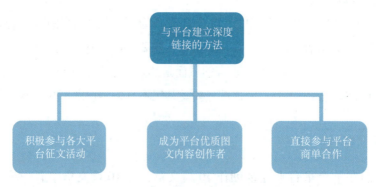

图 4-17　与平台建立深度链接的三大方法

方法一：积极参与各大平台征文活动。如今日头条的征文活动，在今日头条后台主页左侧点击"创作灵感"即可参加（见图4-18）。百家号的征文活动在百家号后台主页中间点击"热门任务"即可参加（见图4-19）。参与平台征文活动最大的好处是能够通过获奖的方式获得平台注意。而当下阶段能够获得平台征文活动的奖项更侧重于文章阅读量，也就是说我们既能够提升自己后台的均阅读数据，也能够引起官方平台的注意，这更有利于我们在平台持久发展中接取商单。

图4-18　今日头条征文活动界面

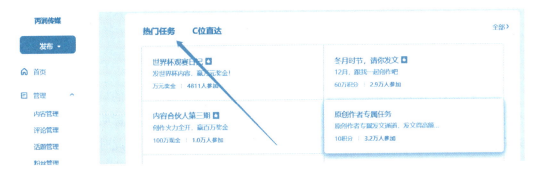

图4-19　百家号征文活动界面

方法二：成为平台优质图文内容创作者。以今日头条、百家号等各大自媒体平台为例，只要我们创作能力出众且成为平台认定的优质创作者，就很有可能获得平台的社群服务。以今日头条为例，当今日头条粉丝达到5万时，就会有创作者社群。

打开创作者社群服务时就会发现，只有经评估后符合社群加入条件的作者，才会在10日内被工作人员联系，邀请加入社群。所谓社群就是微信群，历史文化一般是飞书群，而在这些社群中，我们可以联系平台相关领域的负责人，从而获取更多商单（见图4-20）。

使用说明

已开通创作者社群权益、经评估后符合社群加入条件的作者，工作人员会在10个工作日内通过私信联系你加入社群。

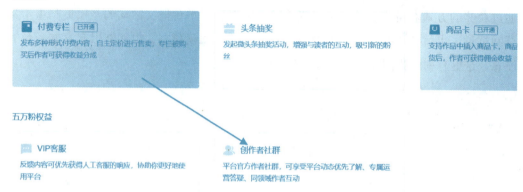

图 4-20　今日头条 5 万粉创作者社群权益申请入口

方法三：直接参与平台商单合作。各大平台的商单一般可以分为两类：指定商单和未指定商单。指定商单要求有一定资质的作者参与；未指定商单则普通作者也可以参与。这种模式类似于之前讲过的作者＋平台＋商家模式或商家＋平台＋作者的模式，作者可以在百家号的热门任务、今日头条的创作活动中找到对应的商单，然后积极参与，一般奖金与更文质量、更文频率和阅读量有密切关系。

4.6　商业合作中账号与粉丝的必然联系分析

在其他条件相同的情况下，账号的粉丝量越多，能够获得商单的概率越大，商单报价越高，此时的商业合作与粉丝呈正比关系；但当账号的某些指标明显不达标，例如商业合作领域与内容创作领域不相符，或近期阅读数量比较低，此时能否承接到商单与粉丝量就没有直接关联了（见图 4-21）。

图 4-21　账号与粉丝关联图

1. 视频报价简析

目前各大自媒体平台中视频报价含金量最高的不是视频号，也不是抖音、快手，而是小红书。

小红书在粉丝没有达到 10 万之前，是可以按照 10∶1 的粉丝比报价的，如你的小红书账号有 10 万粉丝，那么视频报价就可以到每条 1 万元。而文章报价最少需要按照 30∶1 的比例报价，如你的百家号有 30 万粉丝，那么市场报价也不过是每条 1 万元。像抖音、快手，如果不是高度垂直的账号，且往期数据不佳，即便有 30～50 万粉丝，一条视频的报价也很难超过 2000 元。市面上常见的视频博主商单报价达 30 万元甚至 50 万元的，数量不超过 1000 个。

2. 图文报价底层逻辑

下面说一下图文报价的底层逻辑。粉丝数量并不是商单报价的唯一依据，即使粉丝数量不多，也有机会接到高商单报价，最重要的是有群体且有保障，能够和商家进行利益互换，能够给商家带来更多利润，商家才愿意给更高佣金。同时，做商单时一定要维护好近期内容数据，保证个人账号的垂直度，防止品牌方或商家在对我们的后台数据库进行分析时添加劣质标签。

以我的某一个账号为例，在获得商单的过程中，平台方突然提出：主攻方向已经偏离了之前的教育领域，改成了情感领域，因此无法获得此次商单合作的机会（见图 4-22）。

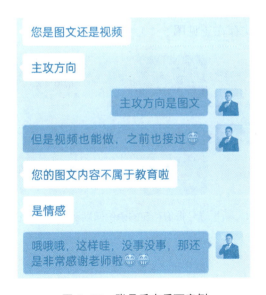

图 4-22 账号垂直反面案例

第 5 章
商业合作报价及收益实操教学

商场的衣服全部明码标价。一件衣服报价801元，那么你就很难花800元把这件衣服拿回家，因为有层层审批，每一层审批标价都是801元。当你花800元把这件衣服买回家时，就意味着服务员或者售后工作人员主动帮你付了1元。

菜市场的菜全部明码标价。一斤西红柿报价6.5元，但如果我们还价，只需要一个简单操作，6.5元的西红柿就可能变成6元，甚至变成5元。我们在平台上参与商业合作的过程，就像在菜市场买菜，需要砍价和讲究报价策略。

5.1 新手账号报价与甲方反馈问题解读

在熟悉了平台软广报价规则和硬广报价规则之后，我们就要面临两个问题。第一个问题：如何回应报价与杀价？品牌方提出一个报价，如果对这个价格不满意，如何明确回复对方，让对方增加预算；第二个问题：与我们合作的人是以品牌方的形式存在，还是以中间人的形式存在（见图5-1）。

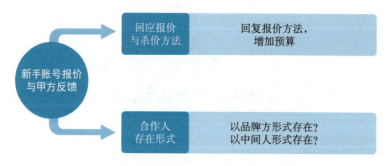

图 5-1 新手账号报价存在的杀价问题及合作人存在形式

1. 报价与杀价

以商家 + 平台 + 作者或作者 + 平台 + 商家的模式为例，无论供需关系如何变化，只要有平台参与，价格就是固定的，平台会给作者争取最高价格，如果争取不到才会退而求其次。因为作者能够拿到最高价格就意味着平台抽成能达到最大限度，所以如果是平台联系我们参与商业合作，那么没有必要和平台讨价还价，也没有讨价还价的可能；但如果是品牌方跳过平台直接找到我们，或者我们跳过平台直接找到品牌方，大多数情况下对话如下（见图5-2）。

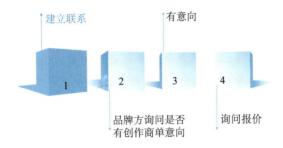

图 5-2　商单合作流程图示

品牌方提问："你有没有创作某个商单的意向？"创作者回答："有意向。"品牌方提问："您觉得给您报价多少合适？"创作者回答："报价××合适。"为了便于人们更清晰、形象地理解，给大家出示一张截图（见图5-3）。

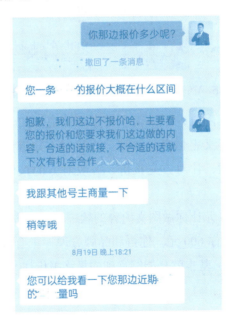

图 5-3　品牌方杀价常见套路

但是这其中有一个流程可能和大家想象的不一样，即品牌方问是否有合作意向，我明确表示有合作意向，然后品牌方继续问报价是多少，我并没有告诉品牌方自己单篇文章或单条视频的报价，而是会问对方报价是多少。

我为什么会这样反问呢？举个简单的案例：

品牌方觉得你的内容创作不错,决定拿出1000元与你进行商业合作,但品牌方吃不准你多少钱能合作,而当品牌方问你时,你有以下三种应对姿态。

(1)极度自傲。告诉品牌方想合作没问题,最少10万元。品牌方听到这句话之后大概率会扭头就走,因为他明白,虽然你的内容创作与其诉求非常匹配,但再匹配也没有办法一起合作,因为价格高出预期太多。

(2)认知清晰。品牌方问你需要多少钱能合作,你告诉品牌方需要1000元,正好与品牌方设想的一样。这个时候品牌方就会动心思,然后委婉地要求稍微便宜一些,这个时候我们应与品牌方据理力争,争取自己的最大利益。

(3)极度自卑。品牌方问:"你这条商单报价多少钱?"你告诉对方报价200元,品牌方听了之后,二话不说直接和你签订合同。

图5-4为图文创作者回复报价的三种常见情况。

图5-4 图文创作者回复报价的三种常见情况

这对于新手来说比较困难,因为新手根本不知道该给自己报价多少,报价高了品牌方不合作,报价低了又害怕自己被骗。当我们不知道该如何报价的时候,可以先不着急报价,保持沉默,让对方先报价,一般对方的报价会在原有基础之上降低20%~40%。

如品牌方准备花1000元让你做图文内容的软广,品牌方报价,可能会在原有基础之上打个折扣,最终告诉你600元,你再和品牌方说一个合理价位——在原有基础之上乘一个1.2~1.4倍系数,基本就是能够拿到的最终报价。

2. 中间人问题

在平台进行图文内容创作的过程中,会存在一个中间人问题,这个中间人我们可以称之为资源的链接者,或者特殊渠道的持有者。举个简单的案例:

一个国内一线品牌希望在某个平台上做内容宣传,其找到了平台负责人,让平台帮其找到1000名图文内容创作者为其创作内容,报酬为10万元。

如果品牌方没有通过平台，而是单独和创作者对接，那么品牌方需要联系1000名图文内容创作者，这样不仅会耗费很长时间，还可能会延误工期，事倍功半。

在这种情况下就会有中间人出现，中间人手中有大量图文内容创作者渠道同时能对接诸多商家，商家把这部分资源交给中间人，再由中间人转交给图文内容创作者，中间人获得的回报一般在20%~60%。许多绕过平台联系创作者参与商单合作的人是平台之外的中间人。

对于中间人，我建议的报价是正常报价的1.2~1.4倍。中间人如果任务紧急，有可能高价要求我们进行内容创作，但也有商量的余地，给自己争取更大利益（见图5-5）。

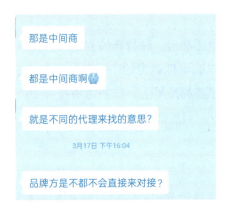

图5-5 中间商代理品牌方参与报价的实际案例

5.2 可参与商单活动平台介绍

1.今日头条平台

今日头条平台可参与商单一般分为以下4种方式。

第1种：由平台直接对接个人图文内容创作者。平台接到某个商单会直接一对一联系到个人，而不是一对多，一般这类商单的报价相对较高，会在4位数以上，而对于财经、医疗、健康、法律四大特殊领域甚至会达到每条5万元。

第2种：由平台直接对接优质图文内容创作者且以批量的形式对接。一般平台会把优质图文内容创作者拉进单独社群，在该社群中会对部分内容创作者明示价格：接到一个商单总报价是5000元，万粉以上，每位内容创作者可获得100元的利润，万粉以下获得30~50元。创作内容基本无要求，字数300字以上即可。

第3种：品牌方单独合作。这种模式一般通过私信进行，今日头条和百家号均有私信功能，品牌方会选择绕过平台直接与图文内容创作者合作。

第4种：由平台组织并发起公开商业合作。例如平台准备推广某款产品，前提是这款产品的品牌方已经给平台足够多的利润,然后把这个活动公开,创作者想要参与活动,需在该界面发布文章且参与相应的话题。

目前来看,今日头条平台对图文内容的商单创作要求较高,图文内容创作者想获得高单价或者高利润的商单,难度较大,但如果能够多参与几次中小型商单,以量取胜,那么一个月的利润突破4位数还是相对轻松的。

2. 百家号平台

百家号平台可参与商单的方式一般分为4种,这4种方式和今日头条平台类似,这里不再赘述。

除此之外,百家号平台还推出一种特殊的方式,其在未来一段时间发展前景广阔,即内容直发。内容直发可以简单理解为硬广,即品牌方或中间人拿出已经创作好的内容直接分发在图文内容创作者的账号上,按照每条报价20~100元邀请他们代为分发,这种形式耗费时间、精力少,当然回报也低。

3. 知乎号平台

在知乎平台能参与商业活动的账号需要达到6级,这个级别的账号可以开通"品牌特邀"权限(见图5-6)。另外,品牌特邀是芝士平台推出的商业合作模式,知乎账号开通该权益后将会入驻芝士创作者广场,获得更多品牌方关注,并有机会与精选品牌组进行一对一合作,通过撰写品牌文章、参与品牌线下活动、定制品牌视频等方式获得丰厚收入,同时实现账号品牌价值提升。

但是,知乎平台的知识品牌博主等级达到6级获取商单的难度却较大,原则上母婴类目、教育类目等关联内容更容易获得商家合作的机会,而娱乐、综艺、影视等相关类目则很难获得商家青睐(见图5-6)。

图5-6 知乎品牌特邀权限开通入口

4. 公众号平台

公众号平台接商单的流程更加复杂，模式更加多样，原则上来说，如果我们的公众号粉丝已经突破10万，就没有必要通过接商单的方式实现个人价值。

但如果我们的公众号粉丝数量低于1万，目前正在起步阶段，那么也没有必要接商单获取收益，因为公众号本身的流量就属于半私域，流量粉丝黏性极强，流量单价极高。

在公众号平台接商单时，药品、医疗器械、减肥丰胸、增高产品（见图5-7）这几类产品涉及的雷区太多，风险太高，盲目接取很有可能给自己的账号带来重大损失。

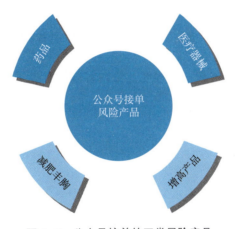

图5-7 公众号接单的四类风险产品

5. 小红书平台

小红书平台接商单是除公众号、知乎以外，单价最高、效益最好的，甚至粉丝只有几百个的账号也可以接一些小商单。商单报价一般是200元起步，对于新手博主来说有很大吸引力。

在小红书平台接商单分为两种模式：一种模式是作者+商家或商家+作者模式，跳过平台的审核机制，一般适用于粉丝数低于5000的账号；另一种模式则是蒲公英平台接商单，粉丝超过5000可开通权限（见图5-8）。

如果粉丝数超过5000，建议在蒲公英平台接商单。如果小红书账号运营状态比较好，很有可能在粉丝超过1000或者粉丝超过3000时，就可在蒲公英获得接商单的权限，这是由小红书官方工作人员帮助开通的。

除此之外，定制合作、招募合作、共创合作和新芽合作属于小红书推出的新型合作模式和机制（见图5-9）。这里重点讲解招募合作，在招募合作界面，如果点击对应的合作项目报名，就会发现每天都有5个以上的合作方或品牌方寻求达人自主推荐。

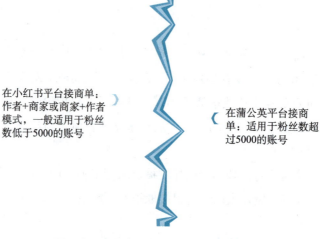

图 5-8 小红书平台商单接取的两种情况

虽然合作的单价极低,但这在一定程度上给内容创作者提供了机会,让内容创作者也能够在商单中分得一杯羹。

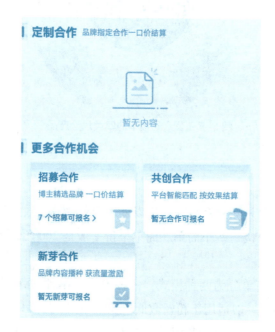

图 5-9 小红书平台的四种商业合作类型

6. 其他平台

除了以上我们讲解的几大平台,在其他平台也会有接取商单的机会,但是要注意在其他平台接取商单一般比较单一,是由平台直接联系内容创作者,至于平台是想推广自己的内容还是给外部的品牌做内容推广,就不得而知了。

5.3 商单审核流程及平台托底流量问题讲解

4.4节讲到了商业合作的三项数据分析。三项数据分析中最重要的一项是往期数据库分析，也就是说如果在内容创作者接商单过程中并不能获得令品牌方满意的数据，品牌方作为甲方极有可能终止合作或者在开始时就放弃合作。

大多数人都不愿意看广告，如我们打开优酷或爱奇艺，遇到广告都会快进。我们在看视频时都不愿意看广告，那为什么在看文章时就愿意看广告呢？如果一个账号的每一条商单都无法保证其有效阅读量，那么品牌方还会把商单给这个账号吗？

1. 平台流量托底的底层逻辑

从平台的推荐逻辑来看，商业内容本质上就很少有人愿意看，那么是否可以认为只要我们接了商单，阅读量一定会差，只要阅读量差，品牌方就一定不会找我们进行二次合作。答案是否定的，在这里给大家介绍平台的另一套逻辑算法，但因为这套算法是我在8年自媒体生涯中自行摸索出来的，所以这里只做简单介绍。

如果平台得知某位创作者从平台接到了商单，该商单的整体流量不佳，而且旗下的100名内容创作者中有98名都没有起量，处于零阅读状态，平台就会考虑：如果只有这样的数据，品牌方还会进行二次合作吗？答案肯定是否定的，既然如此，是否应该对图文内容创作者创作出来的商单予以一定的流量扶持呢？这一点我们暂且待定，不做过多解答，其实答案人们已经知晓了。

因此，平台流量托底的底层逻辑是既能够让品牌方获得利益，也能够让创作者通过自己的努力获得一部分商单佣金，而平台也可以从中抽成（见图5-10）。

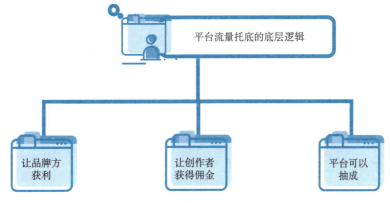

图5-10 平台流量托底的三大底层逻辑

2. 商单审核流程

虽然各大平台都有自己的审核流程，但审核流程大体类似，我们以百家号为例重点讲解商单审核过程中的基础流程。

在百家号平台，有一个度星选按钮，所谓的度星选就是专业的商单平台，我们点击这个按钮会看到度星选的内容，主要有待接受订单、进行中订单和历史订单三个选项（见图5-11）。这个界面简单、通俗、易懂。在接受订单界面，如果有品牌方与你合作，该界面会出现品牌方的合作诉求，而在业务下方会出现"是否接单"按钮，一旦我们选择接单，该商单就会直接转移到进行中订单界面。

图 5-11　度星选接取商单界面

在进行中订单界面会有一系列的流程，按照往期规则，需要我们先拟定一个大纲，大纲完成之后上传。品牌方和平台双向确认之后，再对反馈意见进行修改；没有反馈意见，则对整篇文章进行塑形。写出一篇文章后，依次经过平台和品牌方2~3次的极限拉扯，把所有需要更改的问题全部更改完毕，这篇文章就可以发布，但是要注意发布也是在该界面进行的（见图5-12）。

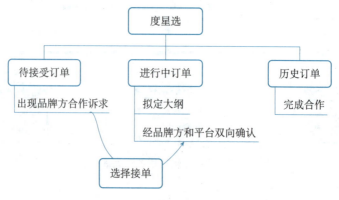

图 5-12　度星选合作流程

另外，百家号平台对于图文内容创作者接取商单有一个建议，即为了保证账号的良好运营，不建议持续接商单，更建议以 4∶1 的比例完善账号内容，也就是每写一篇商单内容的同时写 4 篇非商单内容，以提升粉丝体验。这也表明了百家号平台对于接商单行为的鼓励态度，图文内容创作者可以创作，但绝不允许图文内容创作者只创作商单，因为图文内容创作者创作商单的确会影响到粉丝体验，阅读量很难得到保证。

5.4 商单合作的 7 点禁忌事项

在参与平台商单合作的过程中有 7 点禁忌事项，这 7 点是我个人总结出来的，可能有所疏漏，但只要我们在创作商单的时候按照这 7 点进行，就能够规避很多问题，在保证账号良性运营的同时，也能通过接取商单的模式获取更大利益（见图 5-13）。

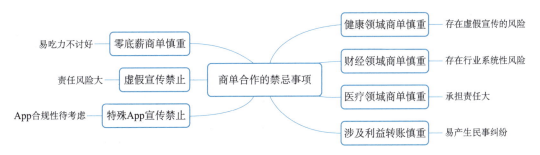

图 5-13　商单合作的 7 大禁忌事项

1. 健康领域商单慎重

所有与健康领域相关联的商单，除非你是健康领域的专业资深创作者或者资深行业人士，否则不建议你接取。健康领域的商单包括减肥、塑形、医美等，因为健康领域鱼龙混杂，以减肥产品为例，市面上的部分减肥产品可能存在虚假宣传行为，虽然让我们接商单的品牌方未必存在虚假宣传，但仍然不能排除这种风险。

虽然各平台能够良好把关，但未必能对每一款产品进行把关，而我们作为创作主体需要承担责任，一旦这款产品出现问题，而我们的粉丝对此深信不疑，购买了该产品并出现意外，那其中的责任划分是一个大问题。

2. 财经领域商单慎重

所有与财经领域相关的商单，除非你是财经领域的专业资深创作者或者资深行业人士，否则最好不要接取。财经领域的商单包括如何理财、如何获取收益、如何获取更高利润，以及股票和基金的投资，等等，这些都是需要承担风险的。如果你的粉丝听取了投资建议，结果赔得一干二净，你的信誉度就会下降。

3. 医疗领域商单慎重

所有与医疗领域相关的商单，原则上即便你是医疗领域的专业资深创作者或资深行业人士也不建议你随便接。虽然医疗这个领域水不深，但责任重大，如果我们给某个医院做广告，粉丝因信任我们就在这家医院就医，出现了重大医疗事故，其中的责任是难以想象的。

4. 涉及利益转账慎重

在公众号平台上，一些导师训练营商单往往会给公众号内容创作者15%～20%的利润，分佣其实是非常可观的。举一个简单的例子：

如果品牌方推广某写作训练营，写作训练营对外报价是2000元，只要有一个人通过公众号博主下方的二维码扫描，并且报名成功，博主就能够获得400元的利润，如果有100人或者1000人报名成功，那么博主获得的利润相当可观，甚至能够赶上一年的总收入（见图5-14）。但因为这类软广涉及在该文章界面直接转账的问题，一旦产生纠纷，部分粉丝可能不会去找品牌方，而会直接找到该博主，要求该博主把这部分钱退还，很容易产生民事纠纷。

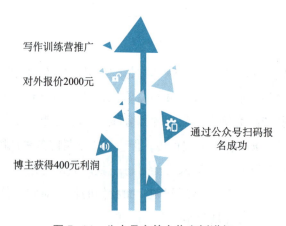

图5-14　公众号商单合作案例讲解

5. 零底薪商单慎重

品牌方和创作者都想获得更多利润，于是品牌方创新了一个机制：零底薪制。

简单来讲就是品牌方把某个商单给到你，你创作出这篇内容之后，品牌方不付钱，如果有100个阅读量，那么品牌方给你1元，有1万个阅读量，品牌方给你100元。

很明显，这种商单对创作者不利，因为谁也无法保证自己创作的每一篇文章都能获得好的阅读量，如果创作的文章只有一两个阅读量，那么创作者将会一无所获。

6. 虚假宣传禁止

在所有的商单接取过程中，一旦发现品牌方有虚假宣传行为，或者我们查到了品牌方信用不佳，或者品牌方推广的某款产品在我们实际操作之后发现存在虚假宣传的现象，那么一定要第一时间告诉平台。如果合作模式是商家+作者或作者+商家，不经过平台，那么直接退出即可，不需要参与该类品牌的图文创作，如果有平台参与，一定要把诸多风险告诉平台，平台一旦接收内容创作者的反馈，就必须慎重考虑。

总之，对于中间牵扯的责任问题，平台会为了维护自己的权益以及内容创作者的权益，要求品牌方撤回本次合作邀请或对相关内容予以大幅度更改。

7. 特殊手机软件宣传禁止

特殊手机软件与虚假宣传类似，有一些手机软件本身自带风险，我们甚至根本查不到该手机软件。品牌方在与我们合作的时候，会给我们一个密钥或者一个私密链接，只有通过该链接才能够下载手机软件。那这个手机软件是否合规，是否存在窃取他人信息等相关问题都需要考虑。如果该手机软件知名度不高，但是我们通过一些关键数据检索或在软件商城的确能够查到，而且在各大平台搜索的过程中，也没有发现该手机软件的违规信息，则可以参与合作；反之，在合作过程中一定要谨慎（见图5-15）。

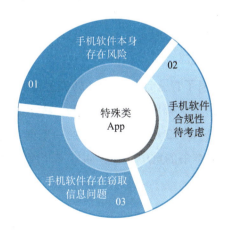

图5-15 手机软件类目商单的三大注意事项

第 6 章

图文新媒体商业合作是如何产生的?

本章主要解答三个问题:图文新媒体商业合作是如何产生的?商业合作能否持续下去?商业合作的背后又代表着什么?

6.1 浅析平台发展大趋势

本节我们以今日头条为例讲解平台发展趋势。

1. 2019—2022 年简析

在 2019 年年初,今日头条最火爆的获取收益模式并不是通过写作获取流量,而是通过写作获得优质、有深度的文章,以此来参与评奖,一篇获奖文章最低收入是 300 元,最高收入是 1000 元;一篇获奖问答最低收入是 200 元,最高收入是 300 元。持续获得多篇获奖文章当月还可以参与评选月度优质账号,一旦评选成功,就能获得 5000 元的平台奖励。

但是在 2020 年平台取消了青云计划奖项,转而鼓励作者写出叫好又叫座的优质文章,2021—2022 年,平台又大幅度更改单价系数,尤其以 2022 年 11 月中旬的更改幅度最大、影响最大。2019—2022 年,今日头条的一系列变化,整体来说仍然是 5 个字作为核心指导,也是我们本书的重中之重:叫好又叫座。图 6-1 为今日头条 2019—2022 年整体变化。

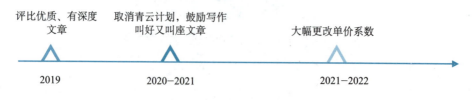

图 6-1　今日头条 2019—2022 年整体变化

2. 商单的必然性与可行性

其实关于图文内容创作，很多人一直会有这样的顾虑：如果自己一直写商单文章，平台是否会判定自己的账号为营销号，然后减少推荐、限制流量？可以明确的是：如果采取的是平台参与的作者+平台+商家或商家+平台+作者模式，就不会受到任何影响；但如果平台没有参与其中，采取的是作者+商家或商家+作者模式，持续创作商单文章极有可能会被限流。

也就是说我们要尽最大可能多参与有平台背书的商业合作，这些商业合作不仅不是平台禁止的，反而是平台鼓励的，因为平台只有鼓励更多的作者通过自己的能力分一杯羹，才能带动平台的整体效益，平台在减轻财务支出的同时，又能从作者这边获得一定利润，这对平台是极为有利的。

6.2 矩阵接单及个人接单区别

商单的接取分为两种途径，分别是通过矩阵的方式接取商单和通过个人的方式接取商单，这两种途径所带来的直接效益是不同的（见图6-2）。

图6-2 两种接取商单模式

1. 矩阵接单优势

矩阵接单是怎样存在于市场上的？为什么平台会允许矩阵作为中间商承包商单接取任务？如果我们把平台当作中间商就很好理解了，品牌方会把所有的商业合作交给平台，由平台将任务发给内容创作者。中间每多一层人分蛋糕，内容创作者所能够分到的蛋糕就越少，既然如此，为什么平台还愿意有矩阵的存在，以及让矩阵接取商单呢？

想回答这个问题，我们需要清楚矩阵究竟是什么。以今日头条和百家账号为例，如果你拥有一家个人公司，以企业的身份注册账号，那么注册完这个账号之后，你就可以拥有属于自己的矩阵，你可以在今日头条账号开通MCN，然后邀请图文内容创作者加入矩阵；而百家号需要邀请三名原创内容创作者加入矩阵，以证明矩阵资质，然后以矩阵的形式对外合作。

矩阵的优势如下。

（1）矩阵可以整合资源。矩阵可以把若干资源整合在一起，矩阵中如果有100个图文内容创作者，其中的40%都希望能够接到商单，那么以矩阵的方式承包某一个商单之后，平台不需要再次对接图文内容创作者，而是对接矩阵负责人，可减少沟通带来的时间损耗，使效率大大提升。

（2）矩阵可以类比成项目负责人。平台在拿到商单后，安排给图文内容创作者的中间过程会有差池，因为信息在传递过程中有被误解的可能，这就会造成一个尴尬局面：图文内容创作者有可能误解平台的某些关键信息，导致创作出错误内容，因此平台需要和图文内容创作者进行深度链接和沟通。

一个创作者出现问题，平台就需要解决它的问题，那如果有10个创作者甚至50个创作者都出现问题呢？如果平台直接把项目承包给矩阵，矩阵内部出现了问题，平台不需要找矩阵内部成员，而是直接找矩阵的总负责人，要求矩阵的总负责人全权处理这件事情即可。

（3）矩阵可以打包资源，性价比更高。对于品牌方来说，能够花更少的钱办更多的事更重要，但如果把这笔钱全部给到平台，然后要求平台去找某个图文内容创作者，这种模式所能达到的广告效果是不佳的。

站在品牌方的角度，品牌方需要的是让某一个达人为自己做品牌广告吗？或许不是，品牌方只需要这个品牌的曝光率达到一定的数据，因为如果想要某个内容创作者为自己做广告，完全可以找人拍一组宣传片，而大多数的品牌方尤其是中小品牌方更看重曝光数据，如花费10万元推广产品，要求曝光数量必须超过1000万，而对于普通图文创作者根本无法达到这一要求。矩阵可以解决这个问题，品牌方先把10万元付给矩阵，然后矩阵中的成员开始创作内容，直到创作出超过1000万曝光量的内容，这样对于品牌方来说节省了大量的资金，对于矩阵来说，也可以从中获取更多的资源。

2. 矩阵接单劣势

矩阵也有其劣势，矩阵中的所有劣势都是针对创作者的，而不是针对矩阵自身的。

（1）矩阵单方面抽取利润过多。我曾经见过一个矩阵负责人，其在对外承接商业合作时，按照每条500元的报价一共接了100条，而对内部则说每一条报价是30元，创作了100条，最终矩阵获得的净利润为47000元。部分矩阵中间分成过多，导致创作者付出了很大的努力，却没有得到应有的回报，影响了部分图文创作者的创作热情，还扰乱了整个商业合作市场的风气。

（2）矩阵普遍不会受到重视。平台作为最大的中间商，在面对矩阵这一第二大中间商时一般不会重视，反而会以品牌方的诉求为主。品牌方明明已经发布了合作规范，而且矩阵完全是按照合作规范进行合作的，可品牌方朝令夕改，矩阵方面因为完全服务于平台，往往会对图文内容创作者进行施压，最终给图文内容创作者带来额外的工作压力。

（3）矩阵可能会限制图文创作者的自由。想要在矩阵中接商单就必须先进入矩阵，矩阵原本是出入自由的，但一旦有商单或利益往来，矩阵就有可能以此为约束，告诉对方：因为这个商单是在矩阵内接取的，而且你在矩阵的时间不长，所以如果你现在退出矩阵，之前商单的利益将不会给你结算，或者结算的时候会扣除一定比例。对于图文创作者来说，原本是与品牌方之间的合作，现在变成了与矩阵之间的合作，在身份地位发生转变的同时，个人权益也受到了损失。图6-3为矩阵接单优劣势分析。

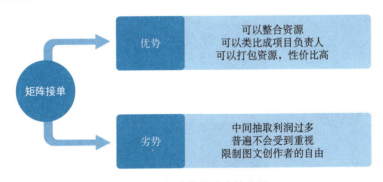

图6-3　矩阵接单优劣势分析

3. 个人接单优势

个人在平台接取商单有以下三点优势。

（1）利润全部是自己的，不存在与平台或与矩阵分成现象。平台帮助我们获得商单，只有刚开始时能够参与利润分成，即品牌方把该商单报价给平台，平台再把商单报价给内容创作者。平台没有机会获得，除此之外，内容创作者只需要支付5%～10%的利润给平台即可，不存在矩阵从中间抽成甚至需要交纳利润的50%～70%才能接到商单的情况。

（2）平台会维护自己的合法权益。只要出现问题，我们的对接对象并不是矩阵，也不是中间人，而是平台。平台能够第一时间倾听我们的诉求，为我们提供合理合法的保护。如品牌方提出合作，原则上内容创作过程中只需要更改不超过两次，就应该予以通过，但如果品牌方对矩阵施压，矩阵很有可能让图文创作者连续更改3～5次。品牌方没有办法对平台施压，平台更不可能对图文创作者施压，图文创作者的合法权益能够得到保护。

（3）图文创作者能够学到流量文章以外的逻辑。在我们进行图文内容创作时，只知道流量文章、爆款文章或其他文章的底层逻辑，很少知道平台的审核逻辑，而当我们参与平台的商单时，通过一次又一次地更改内容以符合平台要求，如某些关键字不能出现、某些内容应该怎样展示，逐渐会掌握流量文章的创作要点。这些内容运用在我们的账号运营方面也会有很大帮助。

4. 个人接单劣势

个人接单的劣势就是接取到的商单数量会急速下滑，获得的利润也有可能会迅速降低。因为个人在平台上接商单本就不占优势，平台更愿意把商单交付给矩阵而不是给个人，除非个人作为一个 IP，由品牌方指定某些人进行创作或平台认为个人能够更好地完成该创作。个人接单优劣势分析如图 6-4 所示。

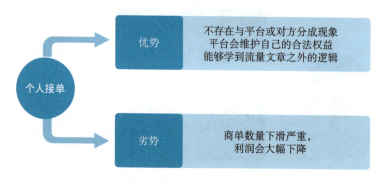

图 6-4　个人接单优劣势分析

6.3　市场行情下，部分平台商单压价问题

从 2022 年年初开始，今日头条、百家号甚至包括小红书在内的大部分图文内容创作者都或多或少遇到过压价问题，什么叫压价？仍然以百家号为例：

百家号在 2021 年年底时接到的商单是每条 10000 元，但在 2022 年年初到年中图文商单直接跌到了每条 8000 元，甚至有一些商单报价连每条 5000 元都不到（见图 6-5）。

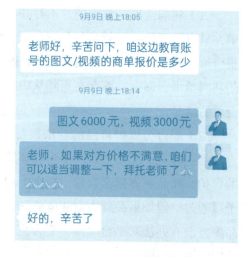

图 6-5　市场压价案例

1. 平台压价普遍行为

2022年9月份时，我曾经降低过一次报价，商业报价从之前每条商业广告1万元变成了每条6000元，出现这种情况主要是因为平台主动提示压价，而我们也只能被动配合。随着各大自媒体平台慢慢趋于饱和，尝试做图文或视频内容的作者越来越多，读者也越来越多，理论上来说，粉丝增加是必然现象，粉丝数量越来越多，之前的粉丝少报价高就慢慢变成了粉丝多报价低，这是正常的。图6-6为平台压价的三大基础条件。

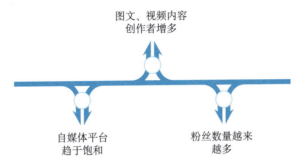

图6-6 平台压价的三大基础条件

所以我们最需要做的是和平台赛跑，在平台来不及压价的时候，尽最大可能提高自己的粉丝数量，当粉丝数量大到一定程度，即便平台压价，商业合作带来的额外收益也不会少。

2. 压价底层逻辑

平台为什么普遍会采取压价行为？压价行为背后的底层逻辑是什么？真的是自媒体行业衰落了，IP写作前景不好吗？恰恰相反，平台越压价就越证明了IP写作的必要性（见图6-7）。

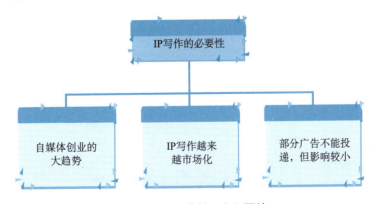

图6-7 IP写作的三大必要性

（1）自媒体创业是大趋势。正因为自媒体创业是大趋势，越来越多的人愿意从事自媒体创业，包括大量的文案编辑。这部分创作者的涌入导致图文平台进入深度的内卷。自媒体创作者越来越多，之前的劣质创作者会被挤压，使优质创作者占据市场舞台。

（2）IP写作越来越市场化。有些人认为做自媒体只是一味地去写内容，不管写的是什么，只要能写出来，就算一位合格的自媒体创作者了。但实际情况没有这么简单，自媒体写作不单单是写作，还包括对自己的精准定位。本书可帮助人们解决这些问题。

（3）K12教育被打压，医疗相关产业近年来的广告风波不断，这为软广报价带来了不便之处，部分广告不敢投递，部分广告不能投递，在一定程度上影响了平台的商业广告收入，就自然而然影响到作者的商业广告收入。但这部分数量相对较少，影响力度不大。越来越多的图文作者进入市场，竞争越来越激烈。所以对于自媒体内容创作者，我一直秉持着一个观点：要么不做，要做就要做好，而且要立刻去做，早做比晚做好，现在做比未来做好。

6.4 新媒体图文商业合作始末分析

下面讲解新媒体图文商业合作。为了能够让大家更好地捋清时间线，以百家号为例。但注意，这里只是对百家号最近一段时间的商业写作做时间线阐述，时间线未必精准，很有可能关键时间节点有出入，但大致发展趋势没有发生变化。

2021年，很多人表示自己的账号明明已经断更2~3个月，但自动被开通了度星选的原创权益，好像度星选只需要看个人账号内容是否优质，过往是否有内容创作，只要有创作且标明原创就能够获得度星选的定向邀请。当时人们讨论最多的是：度星选的商业报价多少合适，因为最开始一些学员的粉丝数量少、基数低，我给予的普遍建议是图文报价在1500元左右，视频报价暂且搁置，因为大部分图文内容创作者的视频报价几乎可以忽略不计。视频商家也绝对不会找一直写文章、没有任何视频创作经验的人从事视频商单创作（见图6-8）。

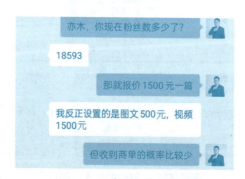

图6-8 2021年开通商业合作功能案例（1）

陆续有一些人反馈：在度星选平台上，好像根本接不到平台商单。而这一段时间能够看得出来，品牌方和平台都在进行双向遴选，品牌方希望能够找到更合适的，符合自己领域且有阅读量诉求的优质创作者，而平台希望既能够帮助品牌方打造良好口碑，又能够帮助内容创作者获得更好收益（见图6-9）。

图6-9　2021年开通商业合作功能案例（2）

在2021年年底的时候，百家号的官方MCN矩阵负责人内部有这样一则消息：帮助矩阵优化度星选并且给予更多的流量瓜分以及商单合作机会。从2021年年底开始到2022年年底，整整一年时间矩阵能够接到的商单越来越多，普通自媒体达人接到的商单数量也呈现指数式提升趋势，不过单价有所回落（见图6-10）。

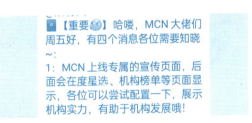

图6-10　矩阵商单合作模式初具雏形

一年时间，度星选越来越壮大，保守估计在未来3～5年，图文作者能够接到的商单数量会大量提升，而矩阵能够接到的商单数量也会大量提升。对于一个平台来说，能够把部分图文创作者的收益转变成商业收益，让图文创作者凭借自己的能力赚钱，是平台最愿意见到的局面，因为补贴模式不会长久。

6.5　新媒体商业合作未来趋势分析及个人获取收益分析

通过前几章的讲解可知，图文创作者在平台依托平台力量或者个人影响力接到商单，然后完成创作，获取商单利润，因此所有的商业合作本质上就是IP获取收益的分支。

1. 商业合作归属于IP获取收益

你在平台上接取的任何一单商业合作之前，不妨思考几个问题：对方是否是一个大品牌？这个品牌为什么通过平台找你做商业合作？在做商业合作时，对方为什么指定你生产图文内容？或者你生产图文内容，对方为什么不反驳，不排斥？

当你明白这些问题后，就能理解平台之所以希望与你合作，希望以你为核心产出图文内容，是得到了品牌方的认可的，也就是说你生产出来的图文内容对品牌方有利，你能够保证让品牌方给你投资1万元，能够产生不低于1万元的回报率。

因为我们是IP写作，我们创作的文章内容具有很强的个人标签属性，让读者能够在我们的文章中获取他们所需要的知识，并且是垂直度极高的知识，一般是以垂直领域为主，这要求我们发表的内容要具备一定的信服力。

品牌方让我们参与商谈合作，正是看中了我们文章的信服力。它给我们一笔报酬，让我们为该品牌做商业推广。那么商业合作就完全等于IP获取收益吗？并不是这样的，IP获取收益可以包含商业合作，但绝对不等于商业合作，因为IP获取收益的类目极多，能够带来的利润更是超乎想象（见图6-11）。

图6-11　IP获取收益与商业合作关系图示

2. IP获取收益需要IP写作意识

相比较而言，如果你只是在平台上写文章获得流量，收益虽然可观，但不是非常可观，虽然能够带来收益，但没有太多收益。那如何能够让自己的收益提高呢？很简单，把写作变成IP写作，也就是你需要具备IP写作意识，那么如何保证自己所具备的IP写作意识是正确的就至关重要（见图6-12）。

简单来讲，所有的IP写作都来源于自己的专业度：自己对某一个行业、某一个领域感兴趣，或者因为某些特殊原因，自己在这个行业中有一定的阅历，具备一定的话语权。如果拥有某些产品或口碑，或者未来可获取收益的方式或思路，那么打造的IP写作更能获得高额收益。

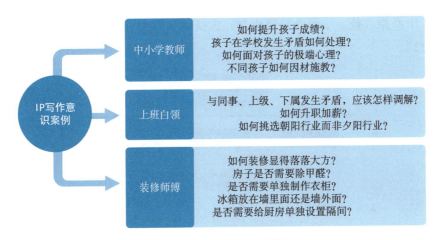

图 6-12　IP 写作案例简析

某一群体可能会发问：我们没有擅长的事，学习成绩不好，不爱读书，如何找到自己的 IP 写作方向？

这里给大家几点建议：如果你在上班，哪怕是临时工或小时工，可以选择职场领域；如果你是一位家庭妇女，照顾孩子、老人，常年没有工作，可以选择生活领域；如果你的年龄偏大，知识有限，可以选择情感领域；如果你是老实本分的农民，可以选择三农领域；如果你喜欢追星，可以选择娱乐领域；如果你对历史文化感兴趣，并且愿意和朋友侃侃而谈，可以选择历史文化领域；如果你本身就是个科学迷，对于科普、辟谣能够头头是道，也可以选择科普、辟谣领域。

简单来讲，要选择自己亲身经历过的领域；如果没有亲身经历过的领域，那么选择最有利于自己的领域；如果没有最有利于自己的领域，退而求其次选择自己喜欢的领域；如果没有自己喜欢的领域，那么就直接锁定三农和情感两大领域。

三农领域未来的 IP 获取收益之路可以选择推广农副产品，推广民生、民俗、民事相关联的产品；情感领域可以选择推广心理解读、性格成长、励志教育相关联的内容。

3. IP 获取收益市场发展分析

我们在讲商业合作或品牌方合作时，总是不断地穿插 IP 写作或 IP 获取收益，那 IP 获取收益究竟是怎样的？接下来我们讲解 IP 获取收益方式以及未来新媒体平台的发展趋势。

在此之前我们需要明白一个道理：如果想在自媒体领域扎根，必须选择 IP 获取收益，哪怕我们只是一个小 IP。小 IP 赚小钱，大 IP 赚大钱，没有 IP 赚的钱是不稳定的。而且因为不稳定所以没有安全感，因为没有安全感，所以容易断更或放弃。

IP 获取收益市场发展分析与第 13 章新媒体红利趋势分析有部分重叠之处，所以在此处我们只做简讲，简讲内容只针对商业合作。对此，我总结出一句顺口溜：商业合作要挂靠 IP 获取收益，小商业挂靠小 IP，大商业挂靠大 IP，没有 IP 就没有商业合作（见图 6-13）。

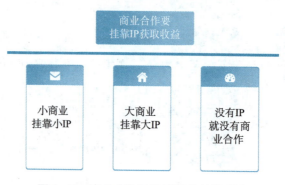

图 6-13　商业合作与 IP 获取收益关系图

商业主动赋能篇

新媒体与图文带货分析

第7章 可进行图文带货操作的新媒体平台类型

新媒体商业主动赋能的重点是图文内容创作者如何通过开通图文带货的方式实现收益最大化。被动赋能与主动赋能之间有何区别呢？可以简单理解为：所谓的商业合作是平台推给我们的或品牌方推给我们的，属于被动接受；而我们进行图文带货是我们主动自发的行为，属于主动赋能。那么被动赋能与主动赋能两者又有何区分呢？

区分有两点：

第一点：收益的波动状态不同。如果是被动商业赋能，和品牌方谈合作，那么品牌方给你多少钱，你就只能收获多少钱；但如果你自行在文章下面进行图文带货，以获得更高利润，那么发布的内容中使用到的技巧、最终的销量以及佣金占比叠加起来的总和才是你的实际收入。

第二点：创作模式不同。在被动商业赋能中，我们只需要完成品牌方给我们安排的任务，例如完成某一个产品的介绍，无论通过软广模式还是硬广模式，只要完成就能够随机获得收益；而主动商业赋能则需要我们主动推广某些产品，以图文带货的形式挂小黄车引导读者购买，我们不但需要完成内容创作，还需要做好数据维护。

数据维护的好坏甚至会直接影响产品的营销和收益数据。本章作为主动赋能的启蒙课，需要把各大自媒体平台能够开通的带货权限、方式以及部分潜规则解释清楚。

自媒体平台有很多，其中大部分自媒体平台是不允许或不支持主动赋能图文带货的，我们挑选其中重要的6个平台做简单讲解，分别是今日头条、百家号、知乎号、公众号、企鹅号和大鱼号。但因为企鹅号和大鱼号所带来的实际效益没有想象中的那么高，两者之间有相似点也有不同点，所以我们把企鹅号和大鱼号放在一起讲。在这六大平台中最重要的两个平台是今日头条平台和百家号平台。

7.1 今日头条平台带货要求及权限开通方式

在今日头条后台界面点击"成长指南"→"创作权益"→"万粉权益"。万粉权益第 3 个栏目是商品卡功能，只要我们开通商品卡功能，就能够在文章、视频、微头条甚至问答中带货，但问答带货仅限于手机软件操作且非常容易被头条隐藏，因此不太建议。

1. 开通权限要求（见图 7-1）

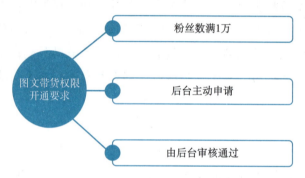

图 7-1　今日头条开通图文带货权限要求

要求一：粉丝数满 1 万人。

要求二：后台需主动申请。

要求三：申请后需由平台方审核，审核通过方可开放权益，审核周期一般为 1～3 个工作日。

2. 权限开通潜规则

今日头条商品卡功能申请与审核条件中有这样一句话：账号经人工综合审核，整体发展优质才能够开通今日头条商品卡功能。但是在 2021 年有这样一个传闻，在今日头条运营的过程中，如果从零粉丝到 1 万粉丝的过程中因出现问题导致该账号被扣分，该账号就无法申请商品卡功能。举个简单的例子：

你的账号从零粉到 1 万粉经历了 6 个月，在这 6 个月的运营过程中，因为早期不懂平台规则，抄袭了别人一篇文章，因为抄袭属于违规声明原创，按照今日头条平台规则，需要扣分 20 分。当时并没有太过在意，但是等粉丝超过 1 万之后，突然发现无法申请商品卡功能，因为已经出现违规扣分现象。

虽然之后平台的审核规则和机制有过改变，但是不得不防。如果一个账号在过去一段时间里频繁因违规被扣分，建议重新申请一个账号，用新账号申请商品卡功能。今日头条带货权限开通潜规则如图7-2所示。

图7-2　今日头条带货权限开通潜规则

2020年，有人因为扣分无法开通商品卡权限，更多的人因为扣分无法开通付费专栏权限。而2022年以及之后可能会发生一系列的变更。只要粉丝没有超过1万，一定要细心运营，出现扣分情况要和平台主动沟通；粉丝超过1万之后，要把所有能够申请的权限申请到位，防止因为扣分导致符合条件却不能申请部分权限的情况发生。

3. 权限开通后违规事项解析

今日头条平台为了避免图文创作者在带货过程中犯一些错误而带来更多损失，在头条电商小百科中给出了电商创作管理规范，而规范中的一些内容基本上与百家号、知乎号、公众号、企鹅号、大鱼号等多家自媒体平台相符，所以这里重点讲解开通带货权限之后哪些行为属于明显违规，甚至存在违法情况，在7.2～7.5节中，不再对各个平台的违规事项进行讲解。图文带货违规事项如图7-3所示。

（1）违规事项：明显违法且违背国家利益行为。在内容的获得过程中，如果存在违反相关法律法规，危害国家统一和领土完整，有损国家荣誉、尊严和利益，宣扬恐怖主义、极端主义的内容创作直接不予推荐，且会触碰图文带货的红线。

（2）违规事项：诋毁优秀传统文化、歪曲历史或民族人物、亵渎革命领袖、破坏民族情感的内容也会不予推荐（甚至封号），且会触碰图文带货的红线。

（3）违规事项：宣扬宗教、封建迷信，破坏团结等内容不予推荐，且会触碰图文带货的红线。

（4）违规事项：危害社会公德，侵犯他人隐私、形象权、肖像权，危害未成年人身心健康等相关内容，不会被平台推荐，且会触碰图文带货的红线。

（5）注意事项：侮辱红歌、军歌或革命烈士，宣扬反动组织或低俗、色情、血腥、恐怖内容，不会被推荐且会触碰图文带货的红线。

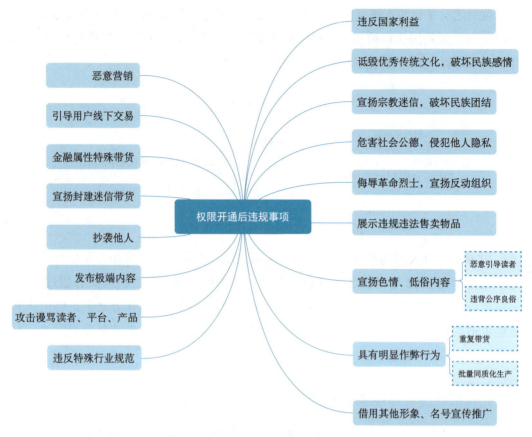

图 7-3　图文带货违规事项

（6）注意事项：展示违规或违法售卖物品，如售卖违规医疗物品、管制刀具、假币假证等物品，以及其他相关法律法规明令禁止的内容，不会被平台推荐且会触碰图文带货的红线。

（7）注意事项：不得有色情、低俗行为发生，包括以大尺度、过度暴露吸引读者；以不雅图片吸引读者；以明显的性挑逗、性侮辱以及相关画面、台词或相关音乐制品吸引读者，或有违背公序良俗的性观念，不会被平台推荐，且会触碰图文创作者的红线。

（8）注意事项：具备明显的作弊行为，包括大量重复或高度相似内容的创作，通过机器或软件的方式批量发布非人为创作信息，根据大量无益元素创作的伪原创或非原创内容，以及通过大量作弊行为获得虚假粉丝点赞，恶意引导读者购买内容，甚至包括恶意批量注册账号、买卖账号行为，均会被平台限流甚至封号。

2020 年，我的一个学生反馈图文内容流量急速下滑，是因为自己过去很长一段时间只卖一本爆款书籍。这种情况确实能够带来不菲收益，但中间要有间隔期，或者带货多种产品，最关键的是爆款产品在所有带货商品中所占比例不应超过 50%，否则有可能会被判定为劣质带货账号。

图7-4所示为百家号图文带货权限被取消的情形。

> 尊敬的百家号创作者：
>
> 平台致力于构建健康、良好的内容电商生态，鼓励创作者生产更多原创度高、优质且有价值的内容。
>
> 当前平台发现您的带货内容存在模版化创作、重复带货和批量同质化生产等低质问题，这些内容并不是平台欢迎和鼓励的。综合数据监测和用户反馈，平台已关闭您的商品卡权益。
>
> 感谢您对百家号的支持与认可。

图7-4 百家号模块化创作被取消带货权限

（9）注意事项：借领导人或重大会议进行恶性营销，借用党和国家的领导干部、知名人物、企业家等为带货的企业或产品做宣传推广。

（10）注意事项：恶意营销或发布负面新闻以获得关注，实现图文内容带货。

（11）注意事项：以任意形式引导用户私下交易或线下交易，包括预留自己的QQ号、微信号、QQ群、微信群、手机号等诸多方式。注意，只要是图文带货，当读者询问如何能够购买或者能否给予优惠，要在平台上给予读者回答，而不是把读者引导至个人私域流量，然后线下交易，由此带来的风险和损失由创作者全权负责。

（12）注意事项：发布权威测评、黄金原油、股评等相关信息，引导金融属性投资，进而实现内容带货行为是违规行为，很可能被平台扣分甚至封号。

（13）注意事项：通过对封建迷信的宣扬出售相关书籍或某些特殊产品，属于严重违规行为。

（14）注意事项：复制、抄袭他人创作的内容以使图文带货利益最大化，或在表达上与原创作品存在实质性相同或相近内容，属于违规行为。

（15）注意事项：发布血腥暴力、密集恐惧、猎奇、恐怖、虐待动物等极端内容，属于违规行为，情节严重的会扣分甚至封号。

（16）注意事项：在内容创作中攻击谩骂读者、平台或产品；在评论中攻击谩骂读者、平台或产品；在标题中夸大功效，引导读者阅读或关注，标题不规范配图，发布过时内容、故事诱导推广，文章与产品关联性弱等行为都有可能会影响推荐甚至扣分封号。

（17）注意事项：某些特殊行业有特殊规范，大多数人接触不到，在此就不做过多讲解了，如化妆品的成分制法、减肥产品的功效等相关阐述一定要认真严谨。

7.2 百家号平台带货要求及权限开通方式

百家号的带货门槛不高,一般创作一周左右就能够达到规定门槛。

1. 权限开通要求

要求 1:完成作者实名认证。
要求 2:粉丝数大于等于 100。
要求 3:信用分大于等于 80 分。
要求 4:近 30 天内无违规处罚记录。
要求 5:非医疗职业作者。

百家号权限开通的五大要求如图 7-5 所示。

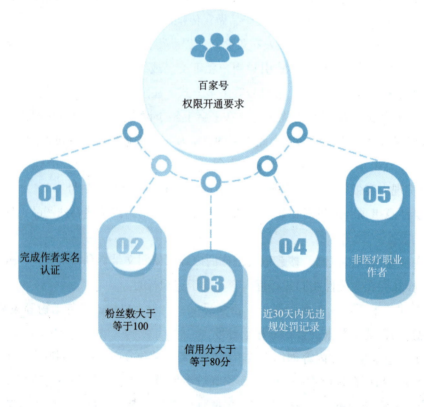

图 7-5 百家号权限开通的五大要求

另外,要求是非医疗职业作者这一点是平台释放的信号,原则上限制医疗类目的产品售卖,尤其是某些药品。自媒体内容创作者在对某些药品做解释说明或者在售卖的过程中容易出现擦边球或明显违法违规行为,一旦读者因为读完某篇文章而购买某款药品,产生了医疗事故,个人创作者是需要担责的。所以平台这种看似一刀切的不合理诉求,在一定程度上恰恰是为了保护内容创作者。

2. 权限开通潜规则

百家号开通图文商品卡的门槛不高,原则上只要你的粉丝数量超过100个就可以直接申请,而且百家号并没有头条的粉丝阈值保护。举个简单的例子:

如果你有4个社群,每个社群都有300人,想要让头条的粉丝在短期之内增长到100人,你可以让群里面的人帮忙点一下"关注",但如果这样的关注超过20个,就有可能导致在未来几天内,朋友帮助自己点"关注",粉丝数量仍然无法提升的情况,我们暂且判定这种情况是头条的粉丝阈值保护,可能是平台防作弊的一种保护机制。

但百家号并没有阈值保护,也就是说如果我们的粉丝数量接近100个,让朋友帮忙关注一下,这条路是可行的。但是如果账号直接从零粉增长到5万粉,甚至10万粉,那就不属于互帮互助了,属于典型的虚假粉丝或购买粉丝,平台查到后会严加惩处的。百家号开通网文商品卡的门槛如图7-6所示。

图7-6 百家号开通图文商品卡的门槛

3. 权限开通后被关闭原因

百家号平台开通带货权限后,如果存在之前在今日头条板块讲到的违规事项,也会关闭带货权限,这一点与知乎号、公众号、企鹅号、大鱼号相似,所以不做额外赘述。

7.3 知乎号平台带货要求及权限开通方式

知乎号平台开通带货权益难度比百家号低,只需要不断地更新创作内容,让知乎等级提升即可。

要求1:创作者等级达到三级及以上。

要求2：仅支持个人创作者，不支持机构创作者。
要求3：账号注册时间大于等于90天。
要求4：过去90天未违反知乎社区管理规定。
知乎号开通带货权限的四大要求如图7-7所示。

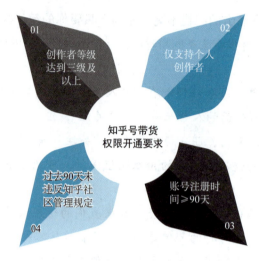

图7-7 知乎号开通带货权限的四大要求

另外，知乎号有可能会违反知乎社区管理规定。知乎号最容易违反的就是讲到某些具体的企业、产品，知乎平台可能直接判定该内容有软广嫌疑，如果不经过平台渠道走软广，属于严重违反社区管理规定，如果出现该错误，极有可能在90天内不能开通带货权益，需要再等一个90天的周期。遇到这类情况即便进行反馈，反馈通过的概率也极低。

所以在开通带货权限之前，不要在文章中提及企业和产品，不要为了追求一篇文章的曝光量而违反知乎社区管理规定。

7.4 公众号平台带货要求及权限开通方式

公众号属于私域闭环，开通带货权益的方式非常简单。但是开通之后如果没有粉丝，那么该权益没有任何帮助，如果粉丝数量超过1万甚至更多，那么在公众号上带货带来的效益会远超过其他平台。公众号带货的两大极端情况如图7-8所示。

公众号带货权限开通方式如下：

点击进入公众号，在公众号左侧有"我的商店"，如果没有"我的商店"，点击"新的功能"可以看到"我的商店"功能入口，在该功能入口申请开通，此时会提示用微信扫描小程序开店，扫描之后能够看到微盟即速、微店有赞、微信小商店等图标，直接点击"微信小商店"即可。如果是个人类型账号，那么不需要营业执照，一键注册即可快速开张；如果是企业运营者，则需要用到企业营业执照或个体户营业执照。

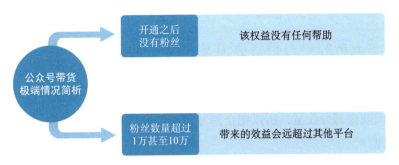

图 7-8 公众号带货的两大极端情况

通过申请开通微信小商店之后，就可以在编辑器的栏目中添加商品，以满足图文创作者的带货需求。但对于公众号平台带货来说，粉丝多未必需要通过图文带货获取收益，粉丝少通过图文带货也不能获取收益，所以对于公众号人们无须过多在意，可完全根据公众号后期运营判断是否参与图文带货。公众号开通小商店流程如图 7-9 所示。

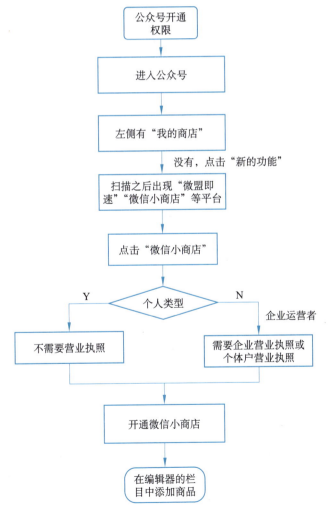

图 7-9 公众号开通小商店流程

7.5 企鹅、大鱼等平台带货要求及权限开通方式

大鱼号和企鹅号的图文带货利润相对偏低，我们可以在 IP 获取收益的过程中做好内容分发从而获得部分收益，所以把企鹅号和大鱼号两个平台放在同一类目中做介绍，以便相互对照。

1. 企鹅号权限开通要求

企鹅号权限开通要求如图 7-10 所示。

图 7-10　企鹅号开通商品卡权限四大要求

要求一：账号完成实名认证。
要求二：账号信用分≥85 分。
要求三：近 30 天发文数≥5 篇。
要求四：累计发文数≥10 篇。

2. 大鱼号权限开通要求

大鱼号权限开通要求如图 7-11 所示。

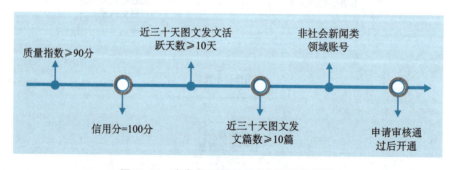

图 7-11　大鱼号开通商品卡权限流程图示

要求一：质量指数≥90分。

要求二：信用分等于100分。

要求三：近30天图文发文活跃天数≥10天。

要求四：近30天图文发文篇数≥10篇。

要求五：非社会新闻类领域账号。

要求六：符合条件的点击"申请"，申请需经过审核方可开通。

注意：要求三中的30天发文活跃天数≥10天，就意味着你在30天内必须有10天发布过文章，而且每天至少发布一篇。

第 8 章
新媒体图文带货利润及市场分析

为了便于读者理解，我将以百家号平台为例，详细讲解图文带货的利润及市场分析。因为百家平台和今日头条平台带货整体流程相似，带货佣金也有很多相似之处，所以本章只讲百家号，至于今日头条、企鹅号、大鱼号、公众号、知乎号等其他平台，对照百家号平台即可。

8.1 图文带货利润解析

为了便于人们理解图文带货，本节我以图片叙述为主、文字叙述为辅，所有图文带货都可以简单理解为：一篇文章下面挂着商品链接，读完这篇文章可以直接在文章中找到购买的入口（见图 8-1）。

图 8-1　图文带货流程

1. 百家号佣金解析

以我出版的第一本书为例（见图 8-2）。

图 8-2　佣金案例讲解

如果我们在百家号上写一篇文章,重点讲解如何通过写作快速获取收益,同时在百家号添加商品处检索书名,那么在好物联盟处就能够找到商品,商品价格为24.9元。

中间有一个预估收益值是2.49元,这是按照10%的佣金计算的,即每卖出一本书,就能够获得2.49元的利润。假如我写了一篇爆款内容,最终卖出去1000本,那么这本书给我带来的利润是2.49×1000,也就是将近2500元。

同理,以《明朝那些事儿》为例(见图8-3):

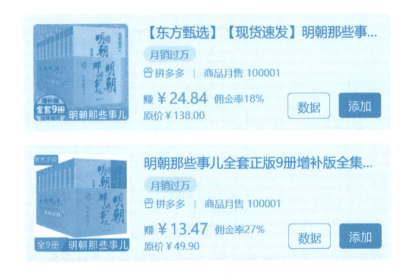

图8-3 《明朝那些事儿》百家佣金

在百家号上进行图文带货时,我们会发现商品价格是138元,预估收益是24.84元。我们只需要用24.84除以138,就能够计算出佣金比是18%。而月销售量100 001本的数据,来自多渠道的同步数据,有拼多多店铺自身销量、图文创作者在图文带货的过程中产生的销量以及其他渠道的销量。

无论是今日头条还是百家号,图文带货的佣金占比在10%~50%,若按照30%计算,假设每本书的实际售价是50元,那么每卖出一本书的佣金就能够达到15元(见图8-4)。

2. 实操案例简析

如何进行图文带货?以百家号为例,图文带货流程如图8-5所示。

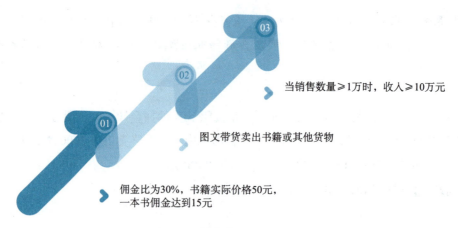

图 8-4 销售数量与预估收益

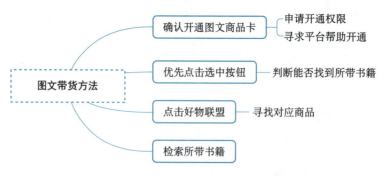

图 8-5 图文带货流程

第一步：优先确认百家号"我的权益"中的图文商品卡是否开通。如果已满足条件却无法开通，一定要第一时间找到客服，以问题反馈的形式详细叙述问题，然后要求平台帮助自己解决。百家号商品卡开通入口如图 8-6 所示。

图 8-6 百家号商品卡开通入口

第二步：在百家号后台发布文章时，一定要先判断平台是否有该款产品。如果能找到，那么进行文章创作；如果找不到，那么可以把这篇文章发在其他平台或改变创作思路，带其他货物（见图 8-7）。

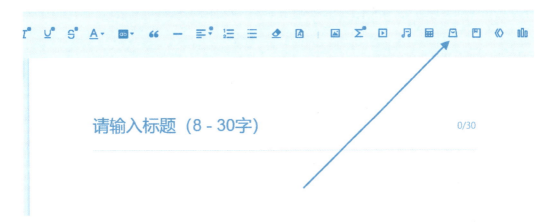

图 8-7　百家号挂载商品卡按键

第三步：点击"好物联盟"，而不要在"我的"界面中搜索商品。我的度小店中之所以能够检索到对应商品，是因为我在百家号平台开通了"我的小店"，开通店铺的主要目的是售卖自己的书籍。而大部分人，尤其是非企业端的或个体户，是没有办法创建店铺的，或者即便开通了店铺也没有合适的产品，所以在开始时可直接点击"好物联盟"，而不要在"度小店"中找寻，如果所带货物已经加入橱窗，那么可以在橱窗处找寻，而不是"度小店"。百家号好物联盟入口如图 8-8 所示。

图 8-8　百家号好物联盟入口

第四步：在好物联盟处检索自己要带的书籍。例如，要带《明朝那些事儿》这本书，就可以直接检索《明朝那些事儿》，只不过在百家号界面有几个关键数据和关键指标需要我们后续分析，好物联盟挂载产品如图 8-9 所示。

图 8-9　好物联盟挂载产品

8.2　图文带京东、淘宝、拼多多货物利润分析及比较

在 8.1 节中提到，后台界面中有几个关键指数需要分析，我们在本节将做重点讲解。挂载产品的 4 个选项按钮如图 8-10 所示。

图 8-10　挂载产品的 4 个选项按钮

综合排序、佣金、销量、价格这 4 个按钮，我们按顺序解读一下。注意，百家号平台的后台带货与头条号、知乎、公众号、大鱼号、企鹅号的带货类似。大鱼号比较特殊，暂且不做考量，但其他平台的带货模式中的四大排序整体相差不大，所以我们只讲百家号，至于其他平台，读者前后对照一下即可。

"综合排序"是指按照综合性价比进行的排序。以《明朝那些事儿》为例：

这本书籍在某一个店铺中销量已经突破 1 万本，但是单本书佣金只有两元，综合排序未必是最高的；同样在另一个店铺中销量为 1000 本，但是单本书佣金超过 50 元，综合排序或许会稍微高一些。

根据综合排序的算法规则出来的是让作者在权衡所有利弊后，最容易把书卖出去且能够获得最高佣金的带货列表；让读者权衡所有利弊后，最容易购买这本书籍且最划算的带货列表。其中需要参考的系数较多，但我们只需要明白一点，如果我们不知道该选择哪一个商品卡，选择综合排序未必是最合适的，但一定是相对可观的。

"佣金"排序是所带书籍的佣金值从最高到最低的排序。同样以《明朝那些事儿》为例：

如果我们选择带 1 本书籍，这本书籍的价格是 1 887.6 元，那么所带来的佣金收入是 377.52 元。佣金从高到低排序会存在一个问题：佣金越高，往往意味着商品的价格越高，读者购买概率越小。

所以，佣金越高并不代表越适合创作者带货。创作者应该在合适的商品卡中挑选佣金最高且销量最高的，而不能只挑选佣金最高的。商品卡根据佣金排序的界面如图 8-11 所示。

图 8-11 商品卡根据佣金排序

"销量"是按照所带书籍的销量从最高到最低排序。仍然以《明朝那些事儿》为例：

排在商品卡第1位的带货所带来的月销售量已经突破10万本，月销售量和日销售量是不一样的，而且一旦月销售量超过某一极限值，可能只会以某个数据展示，如《明朝那些事儿》前三本书的月销售量均为100001本，因此这本书籍的月销售量极有可能突破了10万本。

但因为销售量太高，所以平台自认为或商家自认为该书很容易销售，既然很容易销售就没有必要提升佣金，因此佣金会有所下滑。例如：

排名第二的书籍，每卖出一本，所带来的预估收益才有2.07元。

所以销量作为一个重要参考指标，在带商品卡的时候可以考虑，但并不是优先考虑的，在销量最高的前几本书中找到佣金最高的才是最合适的。商品卡根据销量排序的界面如图8-12所示。

图8-12　商品卡根据销量排序

在百家号进行图文带货时，综合排序的右侧有"价格"二字，我们点击"价格"会发现百家平台图文带货可以按照价格高低进行排序，只不过价格排序远不如综合排序列表中书籍的性价比高。同时价格排序中的最低价书籍或其他产品会存在另一潜在风险，即盗版问题。关于这一点，我们会在 8.4 节详细讲解。

价格越低，往往销售量越大，但风险可能也会越高。商品卡根据价格排序的界面如图 8-13 所示。

图 8-13　商品卡根据价格排序

1. 京东利润分析

接下来对 4 个平台进行利润分析，分别是京东、淘宝、拼多多和度好货。但是要注意，我们只能针对某一类目或者整体趋势进行分析，涉及详细的产品或商品没有办法做过多解读，因为每款产品都有其特殊性和代表性。京东商品卡如图 8-14 所示。

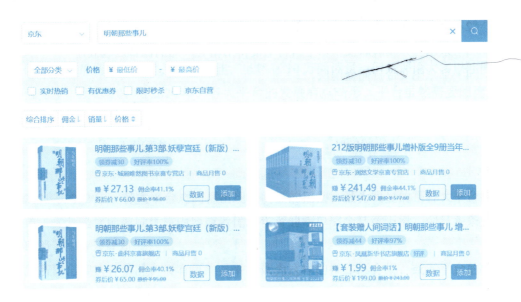

图 8-14　京东商品卡

《明朝那些事儿》的京东平台带货后台界面按照销量由高到低排序，综合排序第一的书籍就是销量排名第一的书籍，也就是《明朝那些事儿》，如图 8-15 所示。

图 8-15 京东商品卡预估收益

京东平台以百家号为端口对外售卖的书籍,最高销量没有超过 1 万本的。所以我们能得出如下结论(见图 8-16)。

(1)京东图文带货价格普遍较贵。

(2)京东图文带货销量普遍偏低。

(3)京东官方旗舰店及京东平台背书使得书籍等产品的保真度较高。

(4)京东图文带货佣金偏低。

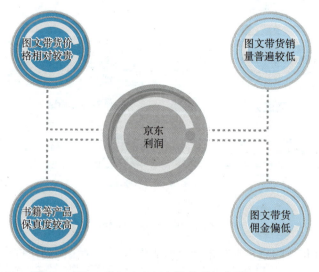

图 8-16 京东图文带货利润分析

2. 淘宝利润分析

在淘宝上,《明朝那些事儿》的月销售额明显偏低,不符合淘宝的调性,所以我们只能得出另外一个结论:淘宝的部分商家在入驻百家号的流程中,《明朝那些事儿》这本书籍占据劣势。这也是我们之前重点强调的一点,接下来做的京东利润分析、淘宝利润分析和拼多多利润分析,只是针对趋势的分析,而不能针对某一具体商品卡进行分析,一旦针对某一商品卡进行分析,将会失之偏颇。但为了能够进行纵向比较,必须把商品卡单列出来,而且是同一类目的商品卡,这样方便对照。

从图 8-17 中可以看到淘宝的好物联盟中的综合排名,排名第一的月销售 98 单,预估收益 24.3 元,券后价 243 元,能够计算出其佣金占比为 10%。

图 8-17　淘宝商品卡

按照销量排名来看,排名相对比较"惨淡"(见图 8-18)。

图 8-18　淘宝商品卡月销售额

如果我们以此得出淘宝佣金一定比京东佣金低的结论，显然是不合理的。因为在淘宝上架某款书籍的时候，只能以单本书籍或套装的形式出现，而不能出现多套餐系列，这在一定程度上降低了销量。

所以我们只能得出以下两点结论（见图8-19）。

（1）淘宝的书籍在百家号平台带货不占优势。

（2）除了部分产品，淘宝的商品在百家号带货，价格优势略高于京东（主要依据为京东平台成本较高）。

图8-19　淘宝利润分析

3. 拼多多利润分析

同样的一本书籍，打开拼多多的综合排序，会发现左侧栏目处在第二位置的书籍销量超过了10万本，右侧栏目出现的两本书籍销量分别是0本和23本的（见图8-20）。

图8-20　拼多多商品卡图示

同理，按照销量由高到低顺序排序，左侧栏目销量最高的仍然在10万本以上，所带来的佣金在 30% 上下波动（见图 8-21）。

图 8-21　拼多多销售数据

所以得出以下结论（见图 8-22）。

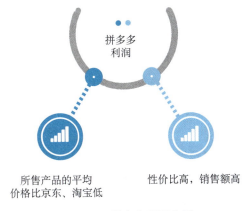

图 8-22　拼多多利润分析

（1）拼多多所售卖产品的价格比京东、淘宝的均价略低一些。

（2）因为拼多多所售卖产品的均价低，所以性价比更高，销售额更高。

4. 度好货、精选联盟分析

度好货属于百家号，精选联盟属于今日头条账号，那这两个平台有何特殊之处呢？如果我们的账号是企业号，可以在百家号、今日头条号开通店铺，而开通店铺需要缴纳押金，个体户和企业缴纳押金不同，不同类目的押金也不同，当我们缴纳完押金之后就可以售卖产品，同理我们售卖产品的时候可以设置佣金，这样部分内容创作者可以在百家号好物联盟中的度好货以及头条号精选联盟中售卖产品。

要注意，百家号中的度小店界面只能展示，如果想让别人售卖我们的产品，需要在好物联盟中进行检索（见图8-23和图8-24）。

图8-23 百家号好物联盟产品

图8-24 今日头条精选联盟产品

8.3 图文带货利润及市场分析

书籍带货佣金一般在30%～50%，为什么《明朝那些事儿》的佣金基本都在10%左右？

主要原因有两点（见图8-25）。

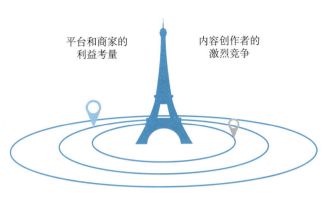

图 8-25 销量大则佣金低

（1）平台和商家的利益考量。一旦书籍销量上涨，就意味着该本书籍不需要创作者过多营销也能够在书籍板块中有较好排名，适当压低佣金可以实现利益最大化。

（2）内容创作者的激烈竞争。当某本书籍通过图文带货的方式产生较高交易量且带来较多佣金时，必然会引发内容创作者的争相模仿。内容创作者多了，图文创作的素材也会呈几何级数递增，会进一步刺激平台和商家降低佣金率。

1. 图文带货利润分析

销量较大的书籍的佣金占比极有可能下调到 10%，新版书籍佣金占比可能在 50% 左右，因此佣金一般取平均值 30% 左右。

对于创作者来说，宁愿选择综合排序中佣金占比高一些的，也不愿意选择综合排序中销量高但佣金低的，因为销量高属于给别人创收，而佣金高属于实打实的收益（见图 8-26）。

图 8-26 创作者带货的一般选择

30% 的佣金是创作者和商家都能够接受的，当然实际情况可能会略低一些。如果按照 30% 计算，每单销售额为 50 元，也就是说每卖出一单可能带来的直接收益在 10~15 元，如果按照 100 单计算，那么一天的收益能够达到 1000~1500 元，利润其实是非常可观的。

2. 图文带货市场分析

其实在2021年年底的时候,我就已经开始通过观察数据判断图文带货的市场前景,得出的数据是惊人的。图文带货的确能赚钱,但不是每个人都能赚到钱。2020年,以今日头条、百家号为主的平台就已经开始了图文带货的发展模式,主要目的是让图文创作者既能够赚到钱,也能够养活自己和品牌方、合作方。

所以平台在那段时间大力推广图文带货,有些创作者销售额高达10万单,的确让人眼红。但是经过2021年的"群魔乱舞",到了2023年,图文带货这条路越来越难走。以下是业内人士的总结(见图8-27)。

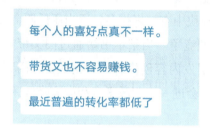

图 8-27　业内人士总结

在这种情况下,怎样才能提高销量呢?答案就是:IP获取收益。IP属性较强的文章具有较高的粉丝黏性,只有粉丝黏性高了,读者才会信服,才会在我们的文章下面点击购买(见图8-28)。

图 8-28　IP获取收益在图文带货中的优势

8.4　图文带部分货物禁忌事项分析

图文带货的禁忌事项主要有以下两点:

1. 书籍带货禁忌事项

图文带货卖书的时候,最常见的就是盗版书籍的问题,然而创作者没有办法判断这本书籍是正版的还是盗版的。

我出版的第一本书上架不到 15 天，就已经出现盗版书籍了。我见过很多学生在带货的过程中自作聪明，为了能够增加读者的信服度，在展示商品卡的时候，会在下面添加一句"正版书籍低价销售"。这句话一添加，性质就变了，意味着你售卖的是正版书籍，可问题的关键在于你根本不知道这是不是正版书籍。

例如一本书定价 20 元，佣金高达 10 元，虽然商家信誓旦旦地说这是正版，然而这种情况是需要仔细甄别的。这种问题普遍出现在拼多多和淘宝平台上，京东平台上也有，概率相对低一些。此处以今日头条和百家号为例：

商家入驻平台，通过度好货和精选联盟的模式对外售卖的书籍也有可能是盗版书籍。那如何区分正版和盗版？最好的方式是自己在手机端带货的时候点击"商品详情"，看一下读者评论，如果许多读者评论中有盗版的相关言论，可选择不为商家带货，因为风险大——为了几元钱的收入把自己的账号毁掉，得不偿失。

2. 医疗、健康、法律、财经带货禁忌事项分析

在自媒体平台上创作内容时，医疗、健康、法律、财经这 4 个领域属于特殊领域，不允许随便创作，需要有授权或者相关证书。

如果你是医生或护士，那么可以从事医疗、健康领域的写作；如果你是法学专业的人员，可以从事法律领域的写作；如果你有金融相关证书，可以从事财经领域的写作。即便如此，各个领域也有禁忌事项，如医生不可在线上随意诊断病人病情，财经专家不可在线上随意渲染或蛊惑读者购买或抛售某支股票。以上四大领域图文带货禁忌事项如图 8-29 所示。

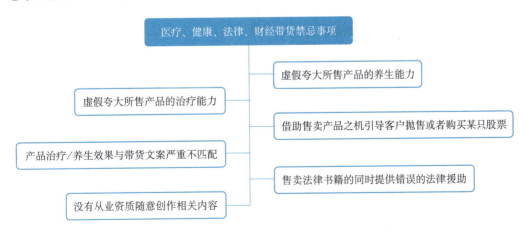

图 8-29 医疗、健康、法律、财经图文带货禁忌事项

同理，因为这四大领域的 IP 属性太强，在关联产品的时候，一定要注意是否有相关禁忌事项或明显违法违规行为，如果有一定要及时止损。

第 9 章

新媒体图文带货基础操作及后期数据维护问题

接下来我们进入实操界面。图文带货获取收益是 IP 获取收益最重要的发展趋势之一。本章将介绍三种不同的带货模式，分别是微头条、动态带货模式，图文带货模式以及知乎和公众号带货模式。

9.1 微头条、动态带货模式详细教程

此处将今日头条的微头条带货和百家号的动态带货归为同一类目带货进行讲解。

1. 微头条=动态

微头条和动态两种带货模式大体差别不大，主要区别在于：百家如果带同一款货物且持续多次频繁带货，有可能下架商品卡；头条带货时，流量偏低。接下来以今日头条微头条带货做详细讲解，百家号的动态带货完全对标今日头条微头条带货即可。

图 9-1 为我在近期创作的微头条带货，因为这条微头条属于副业获取收益，且触碰了头条平台的审核机制，所以阅读量不太可观。但我们不看阅读量，只看微头条在带货过程中创作的文字内容即可。

（1）微头条带货时，商品卡是在最下端展示出来的，所以需要在微头条带货的图文内容与最下方商品卡中间添加对应的转化语，这一

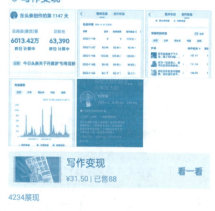

图 9-1 微头条带货案例

点稍后会详细讲解。

（2）微头条带货有对应的商品卡链接。无论是在该商品卡链接购买，还是在下方商品卡处购买，所带来的转化效果是一样的，都会有佣金。

（3）点击该商品卡购买之前，能够看到和淘宝、拼多多等相似的界面，能够看到何时发货、有哪些服务以及相关参数，更重要的是能够看到商品评价。如果我们所带的某本书籍销量不高，且全都是差评，那么这本书几乎卖不出去（见图9-2）。

图9-2　商品卡购买者评论

2. 微头条带货大框架简讲

微头条带货框架极其复杂，有两个关键点，如图9-3所示。

重点讲基础框架，微头条带货的五大框架如图9-4所示。

"故事破题"最有可能提高读者的阅读兴趣，读到这篇文章的人越多，带货量可能越大。

图 9-3 微头条带货的两个关键点

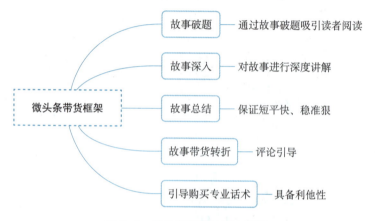

图 9-4 微头条带货的五大框架

"故事深入"则需要创作者对故事进行深度讲解，而不是草草一笔带过。如《明朝那些事儿》，在带这本书之前，可以在书中找一个有趣的事件，如明朝洪武年间的惨案，万历皇帝、嘉靖皇帝或者崇祯皇帝经历的一些事情，设置一些悬念，引导读者深入了解事件。

"故事总结"不需要长篇大论。我之前见过一些学生为了写一篇微头条文章带货，故事总结用了近 2000 字，结果发现微头条发不了那么多字，于是来回删减，带货文章变得不伦不类。

总之，要保证短平快、稳准狠，原则上不能超过 150 字，因为总结性的内容很难吸引读者阅读，而总结的目的是保证故事的完整性，让读者觉得我们这篇故事是在用心创作而不是随意应付。

"故事带货转折"是最重要的一个环节。讲故事的核心目的是通过这个故事告诉读者：如果希望读到更精彩的内容，你需要购买这本书。这就是微头条带货的逻辑。

"引导购买专业话术"从三个角度出发，如图 9-5 所示。

所有的引导话术只可借鉴不可复制，如果每一次都复制，那么原创度会受损，很有可能这篇微头条文章发完还没来得及带货，就已经因为违规原创被扣了 20 分。

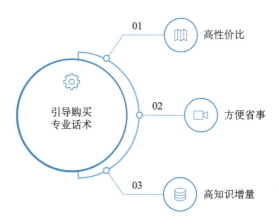

图 9-5　引导购买三大话术

3. 故事 56 伏笔

在今日头条首页随机下滑，找到一篇微头条，然后把这篇微头条截图。图 9-6 这篇微头条没有任何指向性，是我随意截取的。

这是一个自媒体创作人写的微头条，从"那就继续谈"开始，后面的全部是省略号，详细内容需点击全文才能阅读。显示的这 56 个字就是"故事 56 伏笔"的来由。这其实是一个技巧，很多图文内容创作者没有在意。

> 反正找对象的时候，秉承一个原则：如果你觉得你能接受你的娃跟这个对象一模一样，甚至是 TA 的低配版，那就继续谈。…全文
>
> 分享　　9　　68　　收藏　　×

图 9-6　关键的 56 字伏笔

如果 56 个字读完之后，读者仍然想继续读，就要点进微头条进行阅读，只要有足够多的阅读量，平台就会认为这篇微头条是优质内容。优质的微头条会持续不断地获得推荐，推荐量增加了，阅读量增加了，在一定程度上就会使销量增加。

如何能够在 56 个字左右埋下伏笔呢？这就意味着每一篇微头条都需要精雕细琢，一般在 56 个字左右的时候突然出现以下短句效果会更好：

然而谁能想到

这怎么可能

令人尴尬的是

令人诡异的是

令人匪夷所思的是

结果没有我们想得那么简单
结果比我们想象得更复杂
最终的结果谁也无法接受

这样带有悬念的微头条往往更具吸引力，而且这比改善故事结构、精进写作水平更有效果。

4. 故事带货转折

但如果创作者只写故事也是不可行的，因为你只讲故事，讲到最后，读者会觉得很突兀，故事讲到最后没完没了。创作者通过讲故事的方式吸引读者阅读，同时通过阅读故事的方式进行内容总结，通过总结的方式让读者购买产品，这才是最关键的。

此时就需要做好故事转折，而故事转折要保证两点（见图9-7）。

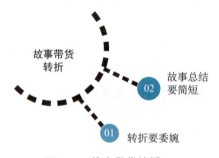

图9-7　故事带货转折

（1）故事总结要简短。故事总结的字数原则上不能超过150个，否则很有可能因为字数过多，产生跳出率，影响产品销量。

（2）转折要委婉。不能讲完故事、做完总结直接要求读者买这本书，告诉读者只有买这本书才能够看相关内容，这样很容易引起读者的逆反心理。

5. 引导购买专业话术

引导购买时，要保证让读者觉得这本书今天必须买，错过了就没有这个机会了，同时要让读者觉得买了这本书不亏。读者只有具备这两种心态时，才会心甘情愿地去买书，创作者才能够获得佣金。引导读者购买的语言并不是虚假的，只是在原有的修辞上稍微修改一下，让读者能够体会到创作者的真诚。例如：

这位长者令人钦佩之处表现在他对红葡萄酒的品位和情感的投入。这瓶红葡萄酒不仅是一瓶饮料，更是承载着深厚感情的美好礼物。如果你也想体验这份独特的情感，不妨点击图片下方的链接，将它带回家，与亲朋好友共同分享。

如果你渴望在职场中取得卓越的成就，学会明智处世，那么《胡雪岩谋略大全》就是比较合适的，这套书汇集了胡雪岩一生的奋斗智慧和经商之道，可点击文末图片下方链接永久收藏。

孩子的成就往往取决于父母的教育，因此，作为父母，我们有责任帮助他们找到学习的方法。欢迎点击下方链接，深入了解如何引导孩子踏上成功之路。

想让读者心甘情愿地掏钱，最主要的一点是具备利他性。也就是告诉读者购买这些产品，他能够获得哪些实际的好处。

9.2 图文带货模式详细教程

图文带货提高购买率的三大方法如图9-8所示。

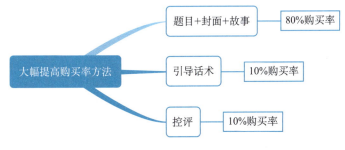

图9-8 提高购买率的三大方法

1. 题目+封面+故事可贡献80%购买率

图文带货模式重点关注文章题目+封面，这是一篇文章能否成为爆款的关键。如果故事好，那么成为爆款的概率就可能高达80%。

那么，题目+封面+故事究竟是怎样配合的？文章题目要保证三段式或三段式以上，要具备吸引力、共鸣性，要踩关键字；封面需要准备一张或三张，封面中的人物要突出，且与主题关联，不得使用无关联的封面图片；故事要具备可读性。

2. 引导话术可贡献10%购买率

图文带货中的引导话术和微头条带货的引导话术相似，在此就不再赘述了，总之要让读者觉得购买这款产品值。在文章中要不断地暗示读者，现在购买比以后购买或者比过去购买更合适，现在购买就能够获得怎样的收获、成就，能给自己带来多大的帮助（见图 9-9）。

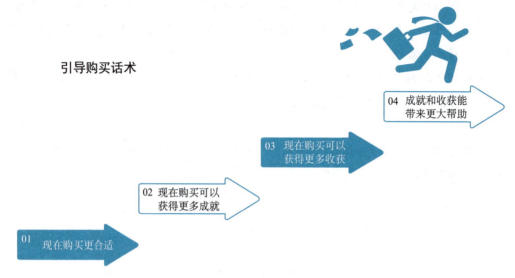

图 9-9　引导购买的四大话术

3. 控评可贡献 10% 购买率

控评指的是控制评论区言论，我们要清楚，任何产品都会有差评，但平台卖货和文章卖货不同，文章卖货的顺序是：读者先看评论区内容，然后才会点击购物卡查看产品，再查看产品的购买评论（见图 9-10）。

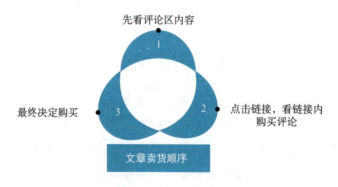

图 9-10　文章卖货的关键顺序

图 9-11 是对我发布视频的两条评论。第一条评论表达了不太好的反馈，如果读者想要购买小说写作课程时，突然看到评论区有一个人这样评论，第一反应是再观察一下要不要购买，或者现在先不购买。所以，后来我针对这条评论做了耐心的回复。

第二条评论是比较恶意的差评，评论的人并没有观看视频，所以当时直接删除了。

	评论了你的视频 《写小说真的很赚钱吗？过来人给你讲清楚：揭秘全职写作真相》
	2022-11-29 07:43:18
	说这么多，语言太啰嗦。如果看你的小说，估计水得厉害！

	评论了你的视频 《写小说真的很赚钱吗？过来人给你讲清楚：揭秘全职写作真相》
	2022-11-29 01:57:34
	[该评论已删除]

图 9-11　控评案例展示

9.3　知乎、公众号带货模式详细教程

知乎和公众号在带货流程上和头条、百家没有太大区别，但是从带货效益来看，知乎比头条差一些，相比百家号差得更多，所以对于知乎带货和公众号带货只做简单补充。企鹅号和大鱼号的带货这里将不再讲解。

图文带货是符合平台分发原则的，也就是说如果创作者在头条或百家已经写好了带货的相关文章，就可以同步分发到知乎、公众号、企鹅号和大鱼号，能产生效益最好，产生不了也没有关系。

1. 知乎带货教程补充

知乎带货教程如图 9-12 所示。

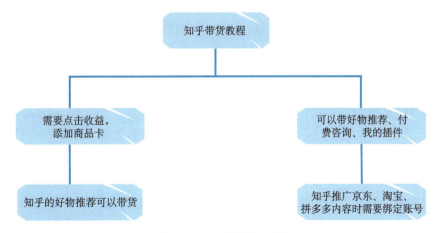

图 9-12　知乎带货全流程

(1)知乎带货需要点击上方栏目中的"收益",添加商品卡。

(2)知乎带货可以带好物推荐、付费咨询以及我的插件和知+咨询。

(3)知乎的好物推荐可以带货。除了京东、淘宝、拼多多,知乎还可以带知乎会员、美团酒旅以及其他产品。

(4)知乎推广京东、淘宝、拼多多内容时需要绑定账号。此外,今日头条、百家号等在推广京东、淘宝、拼多多产品时,也需要绑定账号才能实现图文带货,如果是平台自有产品则不需要绑定账号。

2. 公众号带货教程补充

公众号带货教程如图 9-13 所示。

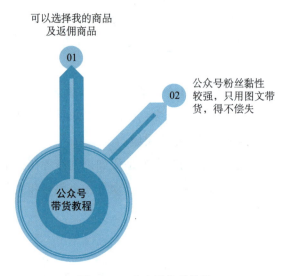

图 9-13　公众号带货教程

(1)公众号带货可以选择我的商品和返佣商品。我的商品是我们的微信小商店中的商品,而返佣商品则是带有佣金的商品,即之前提到过的商品卡。

(2)公众号的粉丝黏性极强。如果只用图文带货,可能会得不偿失,在带货时一定要综合权衡是带货佣金带来的利润高还是流量获取的利润高,如果流量获取的收益明显高于带货佣金带来的收入,那么不建议轻易尝试图文带货。

9.4　图文带货后期数据维护问题

在图文带货的过程中涉及数据维护环节,分别是加权评论、置顶评论和引导互动评论(见图 9-14)。

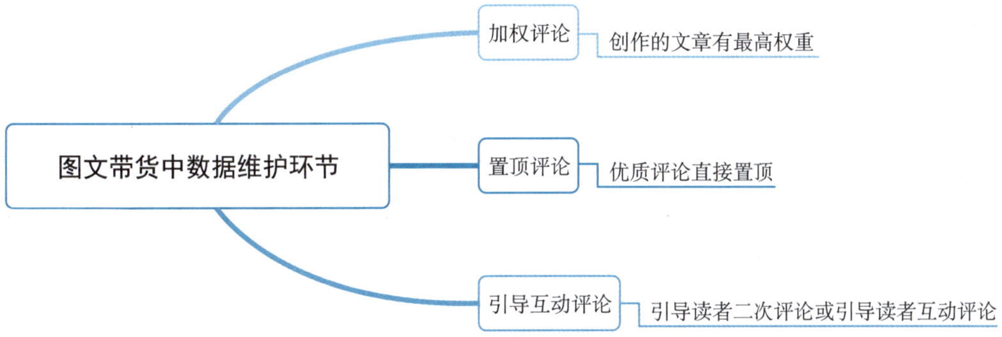

图文带货中数据维护环节

- 加权评论 — 创作的文章有最高权重
- 置顶评论 — 优质评论直接置顶
- 引导互动评论 — 引导读者二次评论或引导读者互动评论

图 9-14 图文带货数据维护方法

1. 加权评论

作为内容创作者，我们创作的文章是有最高权重的，也就是说如果我们这篇文章创作完成之后，有 20 条读者互动是优质互动，就有可能提升读者的购买意愿，对这些评论我们可以进行二次评论或点赞，点赞的内容或二次评论的内容有可能会排到前面。评论区的排序是有一定规则的，但如果作者对该评论回复，该评论就有很大可能在最前面展示。

2. 置顶评论

对于优质评论，尤其是某些能引发购买的评论，可推动销售，可以直接置顶，每篇文章或微头条都有一条置顶权限。

3. 引导互动评论

无论是今日头条还是百家号，文章推荐指数中都有一个重要指标，就是评论量。评论量不仅包括读者的评论，也包括作者的互动。作者的互动属于对平台、账号进行深度运营，所以适度与读者互动并引导读者评论变得尤为重要，针对一篇文章的评论越多，且评论大多是积极正向的，那么对这篇文章的推荐效果就越强。

9.5 图文带货发文规律

理论上，图文带货的文章越多，获得的阅读量越高；阅读量越高，能够卖出去的货物越多，获取的收益也就越多。那是否意味着要每天 24 小时不停地进行图文带货呢？

图文带货和商业合作有相似之处，那就是不能频繁且持续地进行内容创作。商业合作时，如果连续3~5条都是商业合作，会极大地影响粉丝阅读体验，图文带货也是如此。在图文带货的过程中，尽可能保证1∶3的比例，也就是同一体裁、同一类目争取创作1∶3的图文带货内容，即我们每创作一条图文带货内容，就必须创作3条非图文带货内容，以提升读者的阅读体验。

因为图文带货属于明显的商业行为，而且图文带货是我们主动赋能的，所以我们更应该控制好比例，否则会过犹不及。

个人 IP 获取收益篇
线上与线下流量互通分析

第 10 章
新媒体图文引流必要性及操作误区

新媒体图文引流首先要弄清楚私域和公域的概念，个人 QQ、微信、公众号、朋友圈都属于私域，今日头条、百家号、知乎号、B 站、企鹅号、抖音、快手都属于公域流量。想要打造 IP，就需要将公域流量中的一部分引到自己的私域中，以获取文章点赞、阅读、关注＋收藏，增加阅读量，带来更高收益。

10.1 新媒体图文在什么情况下需要引流？

从平台引流就是从公域中把流量引到自己的私域池子中。什么样的人群需要把流量从公域引到私域呢？如图 10-1 所示。

图 10-1 平台引流至私域的四个条件

1. 有产品

有产品是指自己手中有很多可售卖的产品，以我为例：

我出版了两本图书，无论是第一本还是第二本书的宣传，我都把用户引导至私域。在卖书的同时，我还尝试了付费课程。

产品又分为两种，一种是自有产品，一种是外来产品。如自己家里面种了好多苹果树，苹果树能长出苹果，在平台上注册的账号是三农领域账号，把这些粉丝群体全部引至私域，就可以对粉丝出售自己家的苹果了。如果自己家没有苹果树，但是周围邻居家种了好多苹果树，也可以选择售卖他们的产品。

2. 有需求

有需求指需要粉丝帮助自己实现某些目的或诉求，举个简单的例子：

无论是图文还是短视频，都涉及冷启动问题，创作者写了一篇文章，开始时找熟人帮忙点赞、关注，这样可以保证这个账号的内容能够在短期内启动。冷启动的目的是让这篇文章被更多人看到，满足平台推荐逻辑，这就是创作者的需求。

私域冷启动如图 10-2 所示。

图 10-2　私域冷启动

3. 有交流

有交流指不需要粉丝帮助自己做任何事情，只是就未来的发展方向进行简单交流，有些粉丝甚至可能成为我们的合作伙伴。以我为例：

2019 年，一个粉丝不经意间的一句话让我醍醐灌顶，之后我吸取了他的意见，创造了一个不小的记录——单月收益超过 10 万元。

4. 有营销

有营销指的是有营销方面的诉求，很多人反馈："老师你觉得我有必要去搞私域吗？我的 IP 找不到任何获取收益的点，我不需要和别人交流，也没有任何产品，我只是希望通过创作获得一部分收益，仅此而已。"

营销诉求发展线如图 10-3 所示。

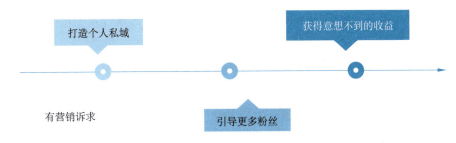

图 10-3　营销诉求发展线

所有的合作都是建立在粉丝基础之上的，当你的粉丝足够多时，合作的机会就多了，到时就会有人找你谈合作，那么获取收益的机会也就多了。

例如我的写作训练营或者知识付费训练营，或者某些商业活动，产品软广、硬广，都是可以获取收益的渠道。

10.2　新媒体图文引流操作的几种常见误区

新媒体图文在引流操作过程中有五大常见误区，如图 10-4 所示。

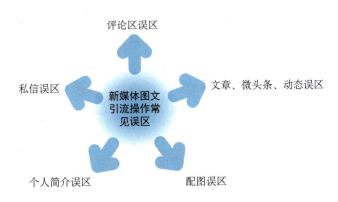

图 10-4　新媒体图文的五大常见误区

1. 评论区误区

创作者写完一篇文章后，评论区中总会有一些粉丝询问如何与作者联系。创作者一定要注意，在评论区不能直接告诉对方自己的微信号，这是违反社区评论规范的，而且平台会严查。

2. 私信误区

一些创作者在写文章的过程中准备了一套开场白，只要有人在私信中提问，或者在评论区点赞、评论，就把这一套话术直接粘贴发出去，这种行为平台可能不会判定为恶意引流，但会判定为恶意营销。

一旦被判定为恶意营销，就有很大概率被关闭私信运营权限，短期之内无法与粉丝私信联系。如果连续多次违规可能被封禁账号。即便不封禁，当私信别人时平台会提示对方："该创作者身份未明，谨防上当受骗。"

私信误区如图 10-5 所示。

图 10-5 私信错误发展案例

3. 个人简介误区

有些人在注册账号的时候，会把自己的头条昵称或者百家昵称改成自己的微信号。因为微信号是拼音或者数字，用微信号代替账号昵称不利于打造 IP。

IP 昵称最好由 2~5 个汉字组成，在简介中不能添加自己的联系方式，如果在头条和百家号的个人简介中添加联系方式或微信号，很有可能无法过审，即便过审，后续整改过程中也会被隐藏或被重置。以今日头条为例：

在今日头条界面修改个人简介的时候，就明确表示请勿添加任何联系方式，包括手机号、QQ 号以及微博账号。今日头条个人简介如图 10-6 所示。

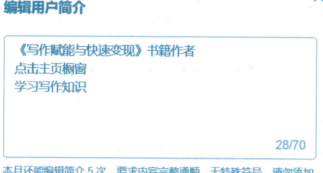

图 10-6 今日头条个人简介图示

4. 配图误区

能否在文章配图的过程中添加水印，在水印中标记自己的联系方式呢？答案也是否定的。

那么如何把流量从公域引导到私域呢？接下来我们会重点讲解。

10.3　新媒体图文引流的平台区分对待

1. 黄金图文四平台：今日头条、百家号、公众号、知乎号

黄金图文四平台中没有介绍小红书号。而是将小红书号放在了黄金视频四平台中讲解，因为小红书对外虽然宣称图文和视频同等重要，且图文和视频都有爆款概率，但是我在两年来的运营过程中，发现视频比文章的效果好很多，直播比视频效果好很多，为避免出现混淆，先讲今日头条、百家号、公众号和知乎号。

百家号对于公域转私域最为宽容，而知乎号是最简单的，只需要把个人简介中的职业经历调整为卫星号，添加自己的个人微信即可。公众号无须公域转私域，因为公众号本就属于私域的一环。今日头条账号没有粉丝群，也不能设置自动回复功能，只能通过微头条或文章引导读者回复某些关键字，再根据这些关键字逐一私信读者。黄金图文四平台引流区别如图10-7所示。

图10-7　黄金图文四平台引流区别

2. 黄金视频四平台：B站、抖音、快手、小红书号

对于视频平台来说，B站、抖音、快手、小红书号也有公域转私域的诉求，B站可以直接在个人简介中添加联系方式；抖音或快手可以建立粉丝群，在粉丝群内发个人的二维码联系方式，让粉丝扫码加入，也可以建立粉丝团等其他模式；小红书号可

以添加个人的联系方式，也可以建立粉丝群。

注意，企业抖音号是没有办法在个人简介中添加联系方式的。黄金视频四平台引流区别如图10-8所示。

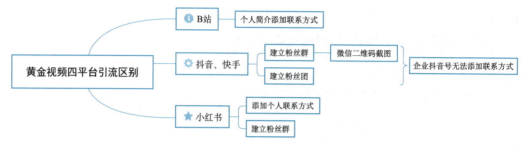

图10-8　黄金视频四平台引流方式

3. 黄金直播引流玩法：粉丝群

目前比较火爆的公域转私域是通过直播的方式实现的，直播的时候可以直接号召人们加入粉丝群，因为大多数加入粉丝群的观众都是被直播内容所吸引的，所以可以直接在粉丝群中发个人联系方式。

10.4　新媒体引流的公域转私域问题

一旦准备打造IP，就意味着需要搭建自己的粉丝群，需要了解粉丝群的损耗问题，以及如何能够在最短时间内完成公转私问题（见图10-9）。

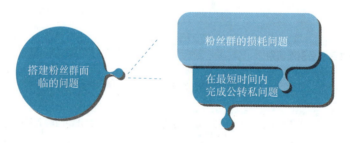

图10-9　搭建粉丝群面临的问题

1. 个人微信养号

如果某篇文章出现爆款，突然很多人添加我们的个人联系方式，但个人微信号根本无法实现同时多人加好友，甚至会触发保护机制，被列为账号异常。

这就涉及另外一个问题，即个人微信养号。以我为例，我已经出版了两本书，如何实现公域到私域的转化呢？为了能够让个人微信在短期内添加更多人，我直接申请了5个微信号。所以当人们准备打造私域的时候，最少需要提前养两个微信号。

2. 企业微信信任度

除此之外，还可以通过企业微信的方式添加好友，企业微信比个人微信在管理私域时的优势更多，但其也有缺点（见图10-10）。

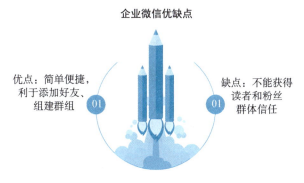

图 10-10　企业微信优缺点

我们想注册企业微信，就需要有公司，至少有企业背书。用企业微信添加好友普遍不能获得读者的信任，因为个人用企业微信的很少，而用企业微信添加好友难免产生隔阂。但如果突然之间私域流量过多，选择企业微信也是一个好办法，虽然不如个人微信有效，但企业微信添加好友或组建群组更为便捷。

3. 公转私耗时

从公域转到私域是需要耗费时间的，而且短期之内性价比并不高。举个简单的例子：

我们想从公域转私域中获得利润，就必须创作最少3篇有公域转私域意向的文章，且保证这些文章中有爆款，如果没有出现爆款，我们需要持续创作。当我们创作完这些文章后，有对应需求的读者群体会主动添加我们为好友。按照每个微信号每天能加20~50个好友计算，组建三个私域群总计1500人需要耗时一个月左右。

4. 公转私群活

公域转私域会触及群活问题，如2021年3月，我曾经组建过两个私域群，两个私域群最开始的时候异常活跃，对我帮助很大，但是连续15天群里没互动，马上就成为死群了。死群指的是这个群连续三天活跃人数不超过三个人。所以公域转私域之后,我们需要明确如何管理粉丝。

创作者需要给粉丝安排任务,以知识付费或者相互之间与利润挂钩的方式活跃群,以实现利益最大化。否则,极有可能出现耗费了大量的时间、精力转化的个人私域不久就成死群,等到自己需要转化粉丝的时候,仍然需要从头再来一波,所耗费时间、精力之大,足以让大多数人放弃。

公转私后粉丝群活处理方式如图 10-11 所示。

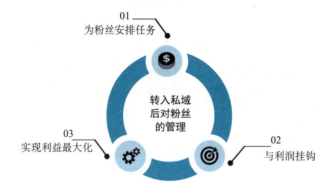

图 10-11　公转私后粉丝群活处理方式

第 11 章
新媒体引流目的及后续数据维护问题

本章我们简单讲解新媒体引流目的及后续数据服务维护问题,总之我们从公域引到私域的流量不能白白浪费,如果没有后续服务或者无法从后续服务中获利,也就没有必要对流量进行公转私了。

11.1 新媒体平台引流目的分析

新媒体平台引流目的分为三类,分别是短期目的、长期目的和暂无目的(见图11-1)。

图 11-1 平台引流三大目的分析

1. 短期目的

短期目的是追求短、平、快,要求在最短的时间内实现交付,而且交付之后能够保证利益最大化。举个例子:

我的今日头条账号"冷面人的梦"属于三农领域,在三农领域中的粉丝极多。我家后院有一片果林,而且我知道某些平台上卖的苹果、桃、梨物美价廉,我把在三农领域中的粉丝从公域转到私域,问粉丝是否需要购买这些产品,并出具相关的资质认证。如果粉丝购买,我就能获得中间佣金或者中间利润提成。

2. 长期目的

长期目的是追求长尾效应，持续把粉丝从公域转到私域，例如年底有一场创作者大赛，创作的内容需要粉丝点赞、评论、投票，那么这部分转到私域的粉丝就会起到关键作用。

3. 暂无目的

还有一些创作者没有目的或短期内没有目的。他们刚刚接触IP写作，在此之前是流量玩法，从流量转移到IP，思维会发生一系列的改变，思路拓宽了，发展的路径也多了，但是路要一步一步走，不要急于求成。

暂无目的的人也要学会数据维护技巧，当需要私域的时候或者拥有短期目的或长期目的之后再进行公转私。

11.2　私域流量如何打造可信服人设

可信服人设会让读者意识到，创作者在某一个领域非常优秀，跟着创作者学习会受益良多。创作者首先要自信，然后要让粉丝相信，在从自信到他信的过程中要做到以下三点（见图11-2）。

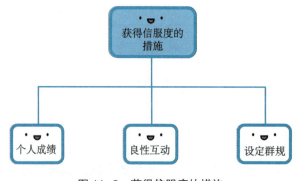

图11-2　获得信服度的措施

1. 个人成绩

以我为例：

我的主要业务就是教学员通过写作获取收益。我从2019年开始教学员，2022年10月开设了第1期写作训练营。我是如何做到的？关键就是要让粉丝信服我。

我需要拿出往期的成绩,把自己各大平台账号的单日收益突破1000元或者突破3000元、5000元的截图全部展示出来,让粉丝意识到的确可以通过写作获取收益。

同理,其他领域的创作者也可以展示对应的产品,创作者展示的信息越多,越能够让读者或粉丝信服。

注意:展示的信息应该合理合规,不能虚构,以免引起粉丝反感。

2. 良性互动

当创作者组建一个社群后,如果不在群里有任何良性互动,这个群就会变成一个死群。所谓良性互动,指我们至少要保证每两天在群里露一次面,每2~3天答复粉丝一些问题。如果时间不富裕,也要保证每周露一次面,如果连续两周都不在群里做任何互动,此群就会变成死群,失去价值。

在图11-3所示的群中,我从11月1日开始发言,到12月8日没有一个粉丝答复。这个群最近一次活跃是两年前,也就是在这两年里没有活跃度,以至于这个群成了彻头彻尾的死群。因此如果时间允许,尽可能每周都和群内的成员互动。

图 11-3　无运营群反面案例

3. 设定群规

某些粉丝之所以加入你的私域，是因为看中了你的私域资源。举一个例子：

我曾辛辛苦苦组建了三四个群。一个小伙伴希望加入其中一个 500 人的群，我把这位小伙伴拉入群后，他趁着半夜又拉了 3～5 个人入群，这些人入群后把我私域里面的人全加了好友，他们自己组了一个私域。这样一来，就很容易扰乱我的私域。

所以创作者需要制定规则，也就是群公告（见图 11-4）。在微信群内建立私域后，一定要发布群公告，严禁私自加人或者严禁言语攻击、软广营销。如果我们组建一个群的目的是在群内适当做广告，而这个时候又有很多人也在群里做广告，一个聊天群成了一个广告群，那么这个群的性质就会发生改变，会导致更多人退群。留在群里的人的价值也将大打折扣；同理，如果有人在群里进行语言攻击，也要第一时间移除。

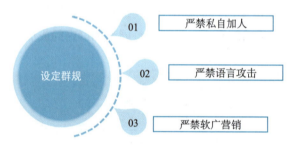

图 11-4　设置群规三要素

11.3　私域流量如何做数据维护？

当我们打造了一个可信服的人设后，就需要做好数据维护，可从以下三点入手，如图 11-5 所示。

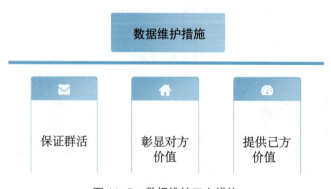

图 11-5　数据维护三大措施

1. 保障群活

保证群活最容易理解，也最容易做到。创作者只需要在各个社群中频繁露面并与读者频繁互动即可，保证群活必须建立在社群内的成员足够多且社群价值足够大的基础之上。

如果一个群的定位在职场领域，但创作者突然改变了自己的发展方向，转向"三农"领域，那么这个群的粉丝价值已经不大了，可以适当转化，拉入新群。普通人能够在同一时间维系的群数量在20个左右，所以私域群的适当精简和筛选变得尤为重要。

保证群活一般有两种方式。

第一种方式：单独招聘助理做好每日早、中、晚服务，如早上和晚上可以发一些与创作相关联的内容；其他时候负责内容答疑。但是，助理并不能建立绝对权威，准确地说助理只能起到辅助作用，一些棘手问题仍然需要创作者出面解决。

第二种方式：同一条内容多群同时分发，如在某个群内一个人提出问题，我们可以把这个问题同时发布在各个群中，同时给予解答。因为是复制粘贴发送，所以能节省大量时间，同时保障群活。

2. 彰显对方价值

一般可以通过"闪光时刻""个人介绍"等相关群活动彰显对方价值。可以每周日晚8点进行社群内部的互动，如组织一个"我为大家"的活动，以直播、文章或视频的方式，告诉群友我们从事的是什么领域，能够在什么行业提供帮助……这样做能够调动粉丝积极性，同时让粉丝从一个内容索取者变成内容提供者。而在运营社群的过程中，适当地让粉丝为大家提供服务，既能够带来互动，增加群的活跃度，又能减少成本和开支。

3. 提供己方价值

创作者要明确自己能够为粉丝提供怎样的价值。例如粉丝加我好友，就是希望得到有关写作获取收益的内容，这也是我能够提供给粉丝的价值。

提供己方价值需要考虑的因素如图11-6所示。

同样的道理，当人们准备从公域转移流量到私域的时候，就要考虑清楚自己能够给粉丝带来什么。

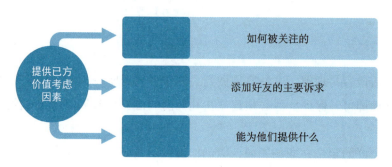

图 11-6　提供己方价值考虑因素

11.4　私域流量变现实操

为了便于理解，我讲一个实际案例。这是 2022 年 10 月我的亲身经历：

我的第一本新书上架后，我通过公域转私域的模式，让购买书籍的小伙伴直接加入私域。其实我的私域比较珍贵，加入私域有门槛，必须花 31.5 元购买一本书籍，或者花更多的钱购买更多的套餐，如果不购买套餐是没有资格进入私域的。

当这些小伙伴进入我的私域后，我需要给他们提供价值，提供的价值包括写作获取收益的相关内容，但他们也为我带来了一些价值。他们想学习写作获取收益就需要加入我的矩阵，在我的矩阵中进行内容创作。除此之外，在第一期写作训练营中，每一位小伙伴还需要额外交纳 299 元的学费。当然，这些学费我分文未取，而是均摊给了几位导师以及我的创业合作伙伴。

我通过售卖书籍把读者引导到私域中，实现了 IP 获取收益。同理，如果你有意向进行 IP 获取收益，就要考虑清楚，你把粉丝引导至私域能否为自己带来 IP 价值。

11.5　私域流量 = 让自己变成有价值的人

公域流量转移到私域流量没有想象中那么简单，中间涉及很多环节，同时公域流量转移到私域流量是 IP 获取收益的必备环节。相比较而言，商业合作是被动赋能，图文带货是主动赋能，私域流量则既可以主动赋能也可以被动赋能，是创作者走向 IP 获取收益的必经之路（见图 11-7）。

图 11-7　IP 获取收益三条路

准确地说,私域流量可以让创作者获得远超图文内容创作者的流量收益,远超商单收益或者图文带货收益,是一种全新的获取收益模式,而在这个全新的模式中,我们会遇到很多困难。

当创作者的 IP 流量越多,就越意味着有足够的能力和平台掰手腕,有足够的能力维护自己的权益,有足够的能力获得更多的收益,所以 IP 获取收益中的私域流量问题不容忽视。

新媒体未来篇

未来 5～10 年新媒体趋势预估

第 12 章
新媒体红利、趋势分析

任何事情都处于变化之中。2019 年之前，如果问我新媒体的红利是什么，我会告诉人们写流量文章，流量文章越短、更新频率越快就越能赚钱，如果一天能更新 100 篇文章，每篇文章都有 1 万阅读量，一天就能赚 1000 元。

但如果你在 2019—2021 年问我写什么样的文章最赚钱，我会告诉你写有深度的文章，这篇文章如果各大平台分发，每一个平台都拿奖金，能赚不少钱。

但如果你在 2021 年之后问我新媒体图文什么领域最赚钱或者哪个方向最赚钱，我会告诉你 IP 写作最赚钱。

12.1 未来 3～5 年新媒体平台发展模式预估

未来 3～5 年自媒体图文平台发展模式的预估如图 12-1 所示。

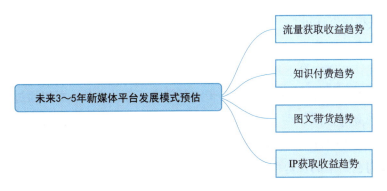

图 12-1 未来 3～5 年新媒体发展模式预估

1. 流量获取收益趋势分析

整体来看，流量获取收益越来越难，越来越多的普通图文内容创作者希望通过写作获得收益。但写作的流量池就这么大，又没有任何门槛，入驻这个行业的人过多，所以获得高收益就会越来越难。

因此我预测，对于绝大多数普通人来说，凭借流量能赚到钱，但不会太多，把新媒体写作变成自己的全职工作不太现实。

2. 知识付费趋势分析

目前，知识付费分成了两部分，一部分是付费专栏，另一部分是付费咨询。付费专栏主推今日头条和百家号两个平台，付费咨询主推知乎和百家号两个平台（见图12-2）。

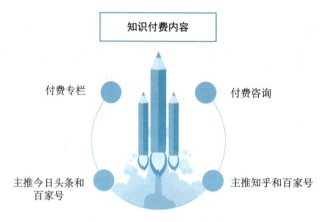

图 12-2　知识付费主推平台

而付费专栏在今日头条平台上明显趋于饱和，如果创作者写的是专业内容，除非矩阵能够给予流量扶持，否则很大概率是没有阅读量、推荐量和展现量的，这就意味着专栏很难获得读者认可。

而更多的专栏则依靠创作者个人的能力，如通过微头条带专栏的方式，通过文章带专栏的方式，专栏本身不具备较高的推荐量和浏览量。相比较而言，百家号会更宽松一些，在百家号上更新专栏，专栏自带流量较高。除此之外，可以通过直播的方式，通过图文或视频的方式带动专栏。而头条的付费专栏大多通过抖音直播的方式售卖，想通过微头条或文章的方式获取收益难度较大。

付费咨询在知乎的优势明显大于百家号，百家号的付费咨询目前没有形成体系，虽然推出了多种功能，但一些功能存在明显漏洞。例如，2022年，一位学员通过语音方式向我咨询，而在咨询的过程中明显有断线的情况。

而知乎上的知识付费则非常明朗。准确地说，因为知乎本就是高IP属性，因此会吸引很多"萌新小白"在自己感兴趣的领域进行付费咨询。在知乎主界面点击"我的"→"点击付费咨询"，在答主界面就可以找到教育、职场、心理学、法律、科技、健康、情感、金融、母婴等多领域、多垂类的大V，直接进行付费咨询，如图12-3所示。

图 12-3 知乎付费界面

3. 图文带货趋势分析

目前图文带货内容创作者普遍给予的反馈是带货越来越难，但是通过调查咨询，得到了截然不同的反馈：带货越来越容易，所以很容易判断带货呈现出明显的两极分化趋势。为什么不同的账号在带货的过程中所产生的效益是不同的？很简单，这就是 IP 属性的巨大优势，图文带货关键在于谁带货而不是带货的数据。

所以在可预期的未来，图文带货理论上难度越来越大，但图文带货针对的只是普通内容创作者而不是 IP 创作者，本书是教人们如何通过 IP 获取收益，如果能够打造一个 IP 账号，也就是单一垂类且具备一定粉丝基础的账号，通过对应的带货渠道发布相关书籍、电子产品或其他产品的商业内容，获取收益会相对容易。

4. IP 获取收益趋势分析

未来 3～5 年，虽然流量获取收益趋势会越来越弱，但并不会消失，这就意味着即使我们不准备做 IP 获取收益，仍然可以通过流量分一杯羹。与此同时，知识付费和图文带货的发展会成为重头戏，而且知识付费和图文带货会呈现两极分化：强者越强，弱者越弱。未来 IP 获取收益趋势分析如图 12-4 所示。

而知识付费和图文带货又共同归属于 IP 获取收益，也就是说在未来 3～5 年，IP 获取收益是所有图文内容创作者的主要收益获取手段之一。虽然想要成为一个大 IP 或者打造一个大 IP 账号难度极大，但是打造小 IP，如粉丝 1 万～10 万的某一垂类且具备黏性粉丝的账号难度没有那么大。

图 12-4 IP 获取收益趋势分析

12.2 新媒体红利三要素

所谓新媒体红利,就是这个平台正在大力扶持图文内容创作者或者其他赛道的创作者,而创作者刚好在该赛道内,就能够享受到红利。

新媒体红利分析如图 12-5 所示。

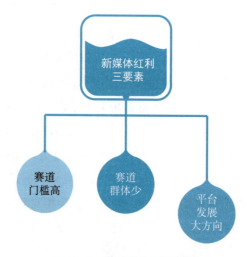

图 12-5 新媒体红利三要素

1. 赛道门槛高

赛道门槛高是指进入该行业有较高门槛,而这部分较高门槛能够在短期之内约束大部分人,创作者需要明白一点,那就是做别人所不能做的,就能得别人所不能得的。

门槛低、竞争大,利润就会低。那么如何跳到赛道门槛高的行业呢?很简单,摸索短期之内别人想做却做不到,或者短期之内别人想学却学不了的行业。如 IP 获取收益,几乎所有的图文内容创作者都会流量获取收益,而很少人会 IP 获取收益,如果创作者懂得 IP 获取收益,就能够获得更多收益。

2. 赛道群体少

在自媒体图文赛道中，赛道中的人数决定了利润的高低。我们可以简单理解为，一个平台的发展终究是有上限的，吸引到的读者群体也是有上限的。读者群体有上限，甲方或品牌方同样有上限，这就意味着利益是有上限的，涌入的人数越多，这个赛道就越不赚钱，其实赛道群体少和赛道门槛高异曲同工。

而我们判断某一个赛道群体数量时，重点看该赛道是否有官方运营人员，例如：

2019年，我进入了职场领域的官方运营群，当时那个群中的官方运营人员积极主动地帮助我们解决各类问题；但是2021年，官方运营群的老师陆续退群，这个群慢慢成了死群，随后官方运营老师又把我拉入了另外一个高质量群组中。

也就是说，在赛道与赛道之间的转换过程中，很容易出现旧赛道内容臃肿、人员繁杂，而新赛道内容精简、人员较少的情况（见图12-6）。我们要尽早从高群体赛道跳到低群体赛道。

图12-6 赛道转换可能出现的问题

3. 平台发展大方向

平台发展方向可以理解为平台的红利，比如我的百家号有"匠心计划"的相关标签。而"匠心计划"是我曾经获得的一份荣誉称号，这份荣誉称号在最开始的2～3个月内，能够给予1.5倍的利润提成，后来改成了积分制，再后来又改成了奖金制，最后取消了。

但无论如何，虽然该活动饱受争议，我仍然从中分得到了一桶金，所以对于百家号平台我是万分感激的，而之所以能够每个月获得收益，主要原因也在于符合了平台发展的大方向。我们要时刻关注平台系统收益改革、审核机制改革的相关内容，以判定平台当下的发展方向。跟着平台的发展方向走，我们就会获得更高收益。

12.3 新人入场新媒体，还有无必要？

从 2019 年做自媒体教学开始，我听过的最多的一个问题是："现在还有没有必要入驻新媒体？还有没有必要通过写作获取收益？"每次遇到这样的问题，我总是向他们讲解"蛋糕理论"——当一个蛋糕越来越小，准备吃蛋糕的人越来越多时，就会有更多的人放弃吃这块蛋糕，因为吃这块蛋糕所付出的代价太大，收获太少。

新媒体行业在什么时候入场都不算晚。但是如果我们晚 3 年或者晚 5 年入驻，就会有更多人涌入新媒体行业，从而竞争越来越大。所以对于新媒体行业来说，早入局比晚入局好，现在入局比未来入局好（见图 12-7）。

图 12-7　新媒体行业入局分析

12.4 新媒体主流价值变化分析

关于新媒体写作获取收益的主流价值，最重要的节点是 2022 年。这一年今日头条更改了新媒体写作获取收益的流量利润成分。新媒体发展时间线如图 12-8 所示。

图 12-8　新媒体发展时间线

1. 2018年之前的流量为王

2018年之前是以流量为王的，只要你写的内容有人看就能够有收益，甚至还能够有高额收益。2015年前，明显带有"标题党"风格的名字取得了一定的效果，只要用了这类题目就会有点击量，就能够获得收益，有时候爆款文章的收益能够突破1万元。

2015—2018年，赚流量变成了混淆是非或模糊关键词，如《职场老板让你凌晨3点加班，千万不要傻呵呵地干活，精明人都这样干》《孩子读书成绩差，父母先不要着急，试试这4种技巧》，类似于这样的题目更容易获得流量，这种情况在2018年左右发生了翻天覆地的变化。

2. 2019—2020年的质量为王

2018年，今日头条退出"青云计划"，百家号、企鹅号、一点号都制订了自己的计划。这些计划有一个共性，那就是优质内容不看阅读量，直接给予补贴，如你写了一篇文章，这篇文章的质量非常高，平台也会给你鼓励。

我的一个学生曾经单篇文章阅读量突破10万，获得了头条首篇"青云计划"奖项，给予1000元奖金，百家号给予200元奖金，企鹅号给予200元奖金，一点号也给予100元奖金，网易号等一些平台也陆陆续续地给予了奖金。更重要的是今日头条"青云计划"之后还会评选月度优质账号，而一个月度优质账号就会给5000元奖金，百家号还有"百家榜计划"，也会给予几千元的奖金。各种各样的奖金叠加在一起，一篇文章带来的直接收益甚至能突破1万元。

但那篇文章当时我看过，质量不佳，虽然有10万阅读量，但是评论大多以吐槽或者调侃为主。所以2019—2020年，各大平台的发展有点畸形，平台虽然需要阅读量，以提高广告收益，但也需要优质文章提高平台的品位和格调。

3. 2021—2022年的左右摇摆期

2021—2022年，各大平台之间都出现了明显的摇摆，最为明显的是各大平台的各类榜单，尤其是之前鼓励优质内容或者优质作者的榜单奖金陆续下滑，今日头条更是直接取消了"青云计划"。

之所以出现这种情况，极有可能是平台认为这样的操作不合规，或者平台的损失过大（见图12-9）。

从平台的角度出发，内容创作者若写不出有流量的文章，那么这篇文章就没有任何意义。所以平台一方面在积极鼓励推动流量，另一方面又在有意压制优质文章。那段时间对图文内容创作者来说很难，既要优质又要有流量的文章不好写。

图 12-9　"青云计划"取消的可能性分析

4. 2022 年以后的叫好又叫座

从 2022 年开始，所有的图文内容创作者基本达成一个共识，那就是写出叫好又叫座的文章，文章既追求质量也追求阅读量。要注意文章质量相对于文章阅读量而言仍然处于次要地位，因为对于内容创作者来说，IP 获取收益短期内增长粉丝、获得更高收益需要和流量挂钩，所以流量变得至关重要。

12.5　新媒体未来限流甚至封号的几种行为

未来 3~5 年，政策会慢慢收紧，而对于部分平台来说，一些内容可能无法容忍，从而导致创作者封号或者限流（见图 12-10）。

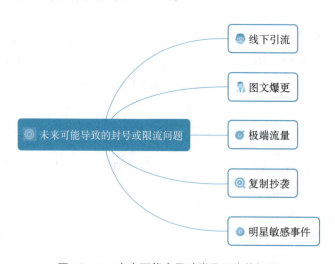

图 12-10　未来可能会导致账号限流的问题

1. 线下引流

以今日头条为例,平台正在打造自己的私信平台系统;而百度,也有意打造自己的私信平台。无论是今日头条还是百家号,都在努力打造属于自己的私域,这部分私域并不是微信公众号、朋友圈这类简单的私域,而是与自身平台深度链接的私域。

也就是说,平台想牢牢绑定内容创作者,无论是产生的交易还是做的知识付费或者IP获取收益引出的一系列的利益链条,都必须公开透明地出现在平台上。这样最大的好处是平台能够实现利益最大化,如在平台上卖专栏,平台可能分润20%~50%;如果跳过平台直接私下交易,平台就会损失20%~50%的利益分成。

所以,未来引流会变得越来越严格,也会越来越受限制。

2. 图文爆更

2019年,我听过一个案例:

一个账号养活了一家公司,一个月的净利润能够突破6位数,因为这家公司请了一大堆写手,按照每5分钟更新一篇的频率不断写文章,因为这个账号属于优质账号,所以单价非常高,万阅读量甚至能够达到60元。也正因如此,这个账号的创作者才会耗费如此大的精力单独运营这个账号,甚至凌晨的时候都在不断发文章。

之后政策慢慢收紧。以今日头条为例,如果连续发文超过5篇,就可能没有流量。未来,平台更需要打造一些精品账号,精品账号一般指单日更新某单一题材文章1~3篇,因为这才符合正常的创作数量。

所以,图文爆更在未来很有可能会被限流,甚至会被直接封号,因为你一分钟创作出8篇文章,平台就有理由怀疑你的这些文章不是原创,认为你极有可能参与"洗稿"或其他情况(见图12-11)。

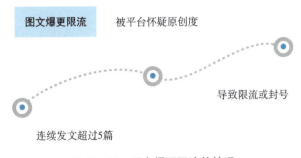

图 12-11 图文爆更限流的情况

3. 极端流量

举个简单的案例：

之前，有一个学生在写文章时，引用了某些极端案例或者极端的思想，如《人活着没有意义，我为什么会活在这个世界上，活不下去了怎么办？》，这些内容在短期内吸引了大量流量和关注。因为平台的推荐逻辑是有人关注、有人评论、有人阅读，平台就会适当推荐，在没有触及人工审核的阈值前，会一直推荐下去，除非有人举报。可是这样的内容创作在两个月之后就出现问题了，因为两个月之后流量急速下滑，直至被限流封号。

某些极端行为，无论是违背人伦道德的，还是触犯平台规定的，或者触犯法律法规的，在短期内可能获得更多流量，但是随着平台的审核机制的完善，这部分流量很快会消失，甚至会导致账号被封。

4. 复制抄袭

之前有过一个新媒体写作培训班，当时培训班承诺只要交钱，一天时间就能够教会你如何写作。其实方法很简单，读者交钱之后，该培训班会给学员一批视频，如一些新闻记者的采访、大型会谈，然后要求学员把这些记者说过的话换一种方式重新编写出来，在文章开头、结尾添加相关话术，就可以直接过审。

以 2015 年的平台审核机制来看，根本分辨不出什么是原创，什么是非原创。但是之后平台的审核机制已经非常完善，甚至你摘抄某一个小平台上的内容都有可能被判定为抄袭，判定抄袭的惩罚规则是：第 1 次扣 20 分，在 180 天内连续三次抄袭，永久禁原创。

5. 明星敏感事件

就目前来看，与明星相关的小道消息或者舆论以人身攻击为导向，很有可能会收到律师函，但收到律师函的大多是公众号平台。之前我也和一些同行业人士探讨过，之所以公众号是重灾区，很大一部分原因是明星没有在公众号上运营，所以"撕破脸皮"也不怕。另外，公众号又分为个人公众号和企业公众号，企业公众号能够找到对应的企业主体，明星的法律团队主要处理的是企业所有的且具有明晰的法律主体的账号。

从 2021 年开始，明星以账号侵权为由开始对今日头条或百家号"下手"。其实账号侵权的方式多种多样，如明星的某些小道消息并未证实，但是创作者在写文章时提到了，或者使用明星的图片却没有授权。所以，在写娱乐领域、综艺领域、影视领域的时候一定要谨慎（见图12-12）。

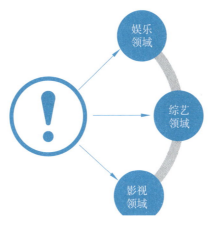

图 12-12　明星敏感事件关联三大领域

另外，目前平台对影视剪辑的追责问题非常严苛，即便我们进行图文创作，对于那些正在上映的电影、电视剧，或者各大平台已经购买版权的电影、电视剧，最好避开。

第 13 章　新媒体内容创作者发展方向及获取收益路径分析

本章重点讲解新媒体未来的几大分支，这几大分支目前的市场行情，如何能够抓住第一桶金，如何通过IP写作让自己获得更多回报。

整体来看，新媒体内容创作可以分成4个板块，分别是新媒体图文、新媒体视频、新媒体直播和新媒体小说，重点分析四大板块未来的发展方向。

13.1　新媒体图文发展方向预估

未来10年，新媒体图文发展竞争越来越大，因此越早入场越好（见图13-1）。

图 13-1　新媒体图文发展方向预估

1. 第一位：IP获取收益

对于创作者来说，IP获取收益是非常重要的，应该排在首位。从平台的角度出发，打造并推荐优质图文内容创作者，让其他图文创作者向他们看齐，也变得至关重要。

2. 第二位：深挖内容

"头条创作者九乙大叔"是我的一位学生，按照每天更新一篇文章计算，月收入应该在 5000 元以上，而且他只有 1.5 万粉丝。图 13-2 为他的文章截图，可以看到大多数文章的点击量很高，万阅读量单价甚至能够达到 100 元。

图 13-2　案例讲解

深挖内容时间久了，会带来非常可观的收益。

3. 第三位：流量获取收益

目前流量获取收益的红利期已经过了（红利期 2015—2019 年），如图 13-3 所示。

图 13-3　今日头条 2019 年前后获取收益方式

所谓的流量获取收益，大多数是通过标题党的方式诱导读者阅读，也就是通过一个错误的标题或者错误的封面引导读者阅读，这违背了平台叫好又叫座的原则。

我的一位学生曾反馈："叫好又叫座这种规则不合理，既然指望内容有质量，内容阅读量肯定会减少；我追求内容阅读量，放弃内容质量有什么错？"其实没错，但是平台规则就是如此，想在平台上发展，就得按照平台的规矩写，所以并不是要求创作者放弃爆款文章，而是在不影响文章质量的前提下，尽最大可能提高阅读量。这其中所耗费的时间、精力很多，但也是获取图文流量收益的必经之路。

13.2 新媒体视频发展方向预估

1.历史、科普、辟谣、搞笑、另类发展前景更好

以上几个领域可以简单理解为泛知识类目、泛搞笑类目以及市场空白类目（见图13-4）。

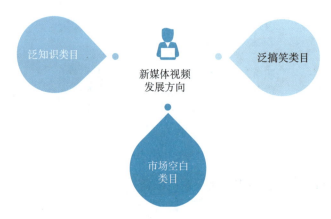

图13-4 新媒体视频发展三大方向

泛知识类目可以理解为平台知道知识类的内容更能够提高平台的格调，有利于平台发展。

搞笑内容无须多言，目前无论是抖音、快手的竖版短视频，还是头条、百家的横版短视频，搞笑内容仍然占据很高的市场份额，而且未来的市场份额会越来越高。

空白类目类似于最近突然爆红的仿妆或者某些舞蹈潮流。

2.视频脚本依托图文写作

无论是搞笑类目还是知识内容，想要打造一个好的视频博主形象或者好的视频展现形象都必须以知识为主，或者以脚本为导向。脚本可考验创作者写作功底，所以无

论如何，写作仍然是 IP 获取收益的第一要素，同时写作也是新媒体图文内容 IP 获取收益最重要的因素。

13.3 新媒体直播发展方向预估

从某种程度上说，直播的发展比 IP 写作发展更有前景，但直播需要组建团队，投资成本高，需要慎重考虑，风险极大。

1. 直播元年（2023 年）

2023 年是个人直播的元年，为什么得出这样的结论呢？如今观众购买产品的方式发生了变化，早年人们更愿意去商场购物，随着时间的推移，淘宝、京东、拼多多等电商平台崛起，人们开始习惯通过网络购物，实体店生意越来越难做（见图 13-5）。

图 13-5　购物方式变化趋势

从 2018 年开始，抖音、快手等平台开启了直播卖货服务，在直播卖货的过程中，直播博主可以通过展示这件产品的特点引导用户购买。从 2021 年开始，直播卖货越来越规范，市场竞争也越来越激烈。

2. 直播"个体户"发展机遇

2019 年，我曾经有幸参与过某场直播带货，规模很大，仅工作人员就超过 500 名，此外还有各种各样的 QQ 群、微信群起到了中间控场的作用。仅直播过程中的花费就已经超过了 10 万元，而最终的利润并没有达到预期。

个人直播带货的情况则好得多，我曾经问过几位直播带货的朋友，他们一晚的带货收益在 1000 元左右，按照净利润 30% 计算，也不过是 300 元。但是个人直播带货的成本可控，而且只需要一台手机就可以直播带货（见图 13-6）。

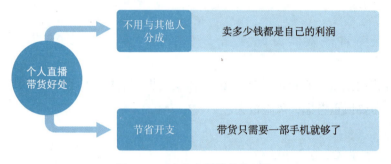

图 13-6　个人直播带货的好处

所以在 2023 年，越来越多的自媒体创作者加入直播带货的行列。

3. 直播脚本依托图文写作

无论是直播还是视频，都需要依托图文写作脚本，所以如果想做一位直播 IP 内容创作者，就必须保证脚本写得好。

13.4　新媒体小说发展方向预估

新媒体小说是新媒体与小说的结合，其发展方向如图 13-7 所示。

图 13-7　新媒体小说发展方向

1. 2020—2030 年：稳定周期年

新媒体小说的发展趋势是十分明朗的，只要没有大的政策变动，未来小说的发展方向仍然是非常稳定的。

2. 利润以全勤奖为主

对于绝大多数新手来说，写的第一本小说不需要考虑收益，更不用考虑能否一夜封神，只需要考虑一点：全勤奖有多少。全勤奖如果低于 500 元，那就不要参与；全勤奖如果高于 3000 元，无论如何也要争取。

3. 付费与免费博弈

小说平台多维度竞争如图 13-8 所示。

图 13-8 小说平台间的多维度竞争

小说市场主要有两类平台在竞争，一类是在过去一段时间里占据小说主导地位的付费小说，另外一类则是最近几年以番茄为主导的免费小说。未来谁会胜出不得而知，但目前付费阅读小说平台资本雄厚，且更受"老"读者喜爱，而免费小说平台则更受年轻人的喜爱。

13.5 新媒体获取收益主要路径趋势变化

从 2015 年开始，新媒体获取收益的主要路径是图文转视频和视频转直播，这两种形式依然需要创作者具备一定的文字功底，只不过写作的侧重点不同（见图 13-9）。

图 13-9 新媒体获取收益主要路径

1. 从流量为主到流量为辅

流量永远是重要的，只不过泛流量没有想象中那么有价值了，如在小红书直播带货的时候，我曾经告诉过学员，不要认为观看人数少就没有成交量，实则会有不错的收益。

如今，内容比流量重要，创作者应该努力做好内容，追求精准流量。

2. IP侧重私域转化

IP获取收益将会逐渐侧重私域转化，如果创作者有10个粉丝群，每一个粉丝群有500人，那么这5000人可以帮助创作者做很多事情，如头条、百家一系列的大型官方活动都是需要投票的，如果投票达到一定数量，就意味着可以参加平台组织的各类活动。

3. 个人商业包装成IP写作主力军

什么叫作包装？例如：

当我发表了很多优秀文章并且出版了图书的时候，我可以对外介绍自己是青年作家；当我连续出版多本书且能够取得不错成绩的时候，我就可以更有底气。

所以创作者要尽最大可能参加平台组织的各种活动，把握能够接到的各种资源，努力提升自己，让自己变得更出色。但是需要注意，千万不能虚假包装，例如本身没有任何作品，却对外宣称是青年作家，信誉就会受损。信誉受损后，再想打造IP难度就会非常大。新媒体获取收益变化趋势分析如图13-10所示。

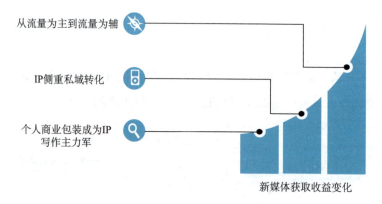

图13-10　新媒体获取收益变化趋势分析

13.6　新媒体发展会放弃图文板块吗？

新媒体发展是否会放弃图文板块是很多从业者最关心的。很多学员问我："老师，10年之后或者20年之后，平台会放弃图文领域吗？"他们之所以有这样的疑惑，是因为他们发现视频、直播所占的比重越来越大，势必会抢占图文市场。

我认为图文市场并不会消失,原因如图 13-11 所示。

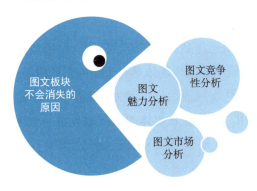

图 13-11　图文市场韧性分析

1. 图文魅力分析

文字具有独特的魅力,任何一个平台只要想多方位发展,都不会抛弃图文内容,即便是抖音、快手,目前也在推出图文版的相关内容。因此,在各大自媒体平台中图文内容都将占据一席之地。

2. 图文竞争性分析

图文内容一旦消失,将会失去大量读者群体,平台竞争力将会减弱。举个简单的例子:

今日头条和百家号是图文领域的主力军,而即便这两个平台在图文领域是亏损的,它们也绝不会砍掉这块业务。道理很简单,图文领域的读者也会看视频、直播,也会在平台上消费。

图文竞争性分析如图 13-12 所示。

图 13-12　图文竞争性分析

3.图文市场分析

目前来看,无论是商家还是品牌合作方、厂家,都需要图文内容创作者对他们的品牌、产品进行宣传,这说明图文市场依然有不错的发展前景。

文字永远不会随着时代发展而消失,因为文字作为一个重要载体,在未来一段时间内必然会发挥更大作用。至少在新媒体图文获取收益的市场中,图文的影响力将会一直存在,图文获取收益尤其是IP图文获取收益不会消失。

第 14 章 新媒体核心本质及新媒体创业的几点建议

对于新媒体从业者来说,一定要认识到不是每个人都能以此为生,有些人赚得盆满钵满,有些人的付出却无法得到回报。作为一名经验丰富的新媒体从业者,我在此分享有关新媒体创业的几点建议。

14.1 新媒体五大核心本质

新媒体五大核心本质如图 14-1 所示。

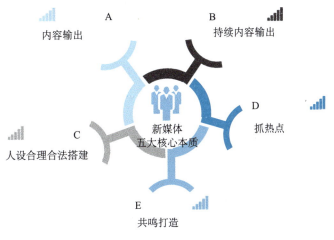

图 14-1 新媒体五大核心本质

1. 内容输出

内容输出就是言之有物,举个例子:

创作者告诉读者 100℃的水不能喝,为什么不能喝?因为喝了会烫嘴不能算有效内容输出。如果告诉读者水的温度超过60℃会对口腔黏膜造成损害，超过80℃会对身体的某些部位造成不可逆的创伤，然后讲解人体的应激反应以及人体对于温度的敏感程度，并以专业数据为依据，告诉读者喝何种温度的水对新陈代谢最好。这类有价值、有观点的内容会让读者感觉有所收获，这样才算有效的内容输出，才能保证文章获得持续推荐。

2. 持续内容输出

在我的新媒体写作训练营中，有一个学员反馈没有爆款获得不了高额收益，自己的账号好像有问题，询问是否更换账号。我分析了他的账号，发现内容更新完全没有节奏，有时候一天能更新10篇，有时候连续两周都不更新。自媒体内容创作至少每三天更新一篇，每月更新10篇，不能三天打鱼两天晒网，要保证内容的持续输出。站在平台的角度，肯定更愿意推荐能够持续创作的作者。

持续内容输出与内容输出的区别（见图14-2）。

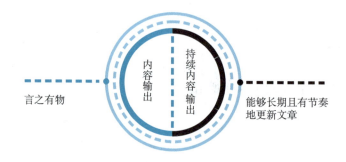

图14-2　持续内容输出与内容输出的区别

3. 人设合理合法搭建

举一个反面案例：

在某平台上有一位自媒体博主A，该名博主的创作内容是总结其他自媒体博主创作的内容，且以知识形式输出。当时他获得了极大关注，短短几天粉丝增长超过了100万，然后有人直接把该博主的口头禅注册为自己的名称，仿照该博主创作，虽然短期内也增加了17万粉丝，但是诚信度太低，指望这个账号获取收益，基本不太可能。

通过以上案例可知，如果为了赚钱不顾及声誉，短期之内可能会获得收益，但从长远角度出发，这完全违背了IP获取收益的初衷，即人设IP的合理合法搭建。

创作者打造个人 IP 账号的时候，可以借鉴他人的 IP 账号写文章、做账号、发内容，可以在文章结尾处或者在评论区 @ 一下以示致敬，自媒体行业中的相互借鉴是没有问题的，但把别人的内容原封不动地全部搬过来是绝对不允许的，否则会影响到 IP 获取收益的核心利益。

4. 抓热点

要想获得文章流量收益以及 IP 获取收益的粉丝增量，抓热点是必不可少的，如某些明星偷税漏税，某些明星做慈善，某些明星直播带货，或者子女不孝顺、婆媳矛盾无法调解，这一类的热点都可以写。

有人可能会说，这些热点都是鸡毛蒜皮的小事，为什么不写国际形势这类热点？并非不能写，而是普通人的认知有限，无法得到专业数据以及更多准确的信息，即便写出文章也会错误百出。除此之外，涉及政治政策、国际形势、军事武器装备等比较敏感的热点也不建议写（见图 14-3）。

图 14-3　三个不建议写的热点

5. 共鸣打造

共鸣打造最大的优势是让读者意识到你在和读者对话，或者让读者意识到这个话题可探讨，只有这样才能让读者愿意点击文章阅读。举个简单的例子：

如果把《领导提拔人不看勤奋，而是看这 4 种特质，有 3 个你将前途无量》改为《领导提拔员工时主要看什么》就很难打造共鸣，所谓共鸣是给读者留有悬念的同时让读者意识到，这篇文章对自己或许有帮助，只要能够让读者产生阅读兴趣，就成功了。

14.2　新媒体创业为何是年轻人创业的极佳选择？

从 2019 年开始，我就鼓励人们通过新媒体创作的方式创业，我认为新媒体创作主要有以下 4 点优势（见图 14-4）。

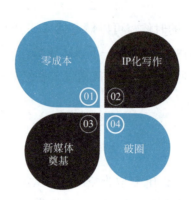

图 14-4 新媒体创业优势

1. 零成本

大多数创业都需要资金，对很多年轻人来说，手里连买房的钱都不够，更不用说启动资金了。即便有启动资金，也可能会面临巨大的风险，这也是很多想要创业的年轻人放弃创业的原因。

在创业风险如此大的前提之下，新媒体创业的优势就显现出来了，只需要一台手机，把自己想写的内容写出来，想拍的内容拍出来，发到互联网上，就可以获取收益。

2. IP 化写作

虽然大多数人都无法成为大 IP，但是只要坚持输出有价值的内容，至少可以成为小 IP，并以此获得收益。

3. 新媒体奠基

新媒体获取收益不仅是写作获取收益，还包括直播、视频获取收益，但视频所需要的文案、直播所需要的脚本话术，都需要深厚的写作功底。

新媒体获取收益的底层逻辑如图 14-5 所示。

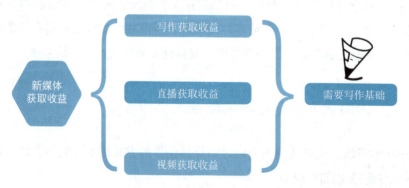

图 14-5 新媒体获取收益的底层逻辑

4. 破圈

我在 2015 年尝试写作，2019 年参与了许多写作会议，2020 年通过写作结识了天南海北的朋友，包括很多外国友人。我在写作过程中获得了收益，更重要的是"破圈"给我带来了超额收益。

在写作的中后期，我几乎每周都会和一些朋友进行头脑风暴，这也为我打开了全新的思路。我突然意识到可以尝试通过直播、视频的方式打造 IP。这就是"破圈"带给我的收获。

14.3 新媒体创业全职与兼职问题分析

不止一次有学员问我："老师，我现在写作能够获取收益了，额度虽然不高，但也能赚点小钱，希望通过全职写作赚更多的钱。"

关于新媒体创业全职与兼职的取舍分析如图 14-6 所示。

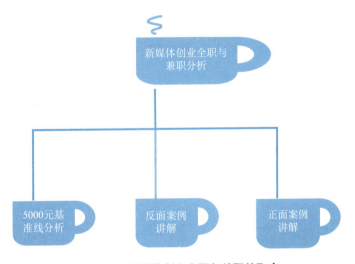

图 14-6 新媒体创业全职与兼职的取舍

1. 5000 元基准线分析

如果你在自媒体写作的过程中，某一个账号或者某一批账号每个月能够带来的稳定收益超过了 5000 元，那么你就可以进行全职创作。

2. 反面案例讲解

2020 年，与我合作的一位导师认为新媒体写作方向潜力巨大，当时他通过写作获得了非常高的收入，后来被高额平台奖励吸引，直接离职创业。可是一年之后，平台的稳定收入取消了，月收入连 100 元都不到，无奈之下只能重新回到职场。

3. 正面案例讲解

我在 2019 年大学毕业之后直接从事自媒体行业，因为 2018—2019 年操盘的几个账号已经能够保证月收入在 5000 元以上。当时我做了最坏预估，就算中间的两三个账号出现问题，只要能够保证其中一个账号没问题，就能够达到 5000 元的基本线。也正因如此，我开始全职做自媒体（见图 14-7）。

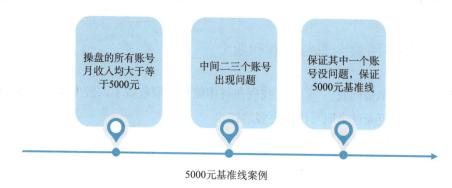

图 14-7　创业基准线问题

14.4　关于新媒体创业的几点建议

在本章的最后，对于所有想从事新媒体创业的人我提出四点建议（见图 14-8）。

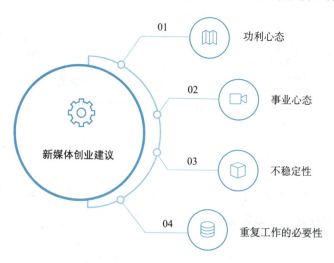

图 14-8　新媒体创业的四大建议

1. 功利心态

如果说做其他行业要有匠心精神，要有钻研精神，那么做新媒体一定要有功利心态。新媒体唯一的特殊之处在于它的内驱性，当你自己想创业的时候，唯一能使你坚持下去的动力就是能够赚到钱。当你有这样的想法并且决定去做时，才能够实现利益最大化。

2. 事业心态

我最初写文章的时候就暗示自己，我是在创业，而不是在创作。当我们一再强调这是自己的事业时，就会产生强烈的事业心。

事业心态简析如图 14-9 所示。当我们这样想时，就会激励自己做得更好，创作的内容就不会敷衍了事了。

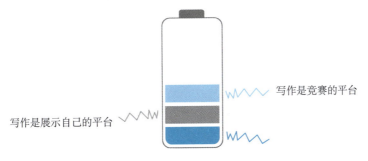

图 14-9 事业心态简析

3. 不稳定性

所有自媒体写作都具备不稳定性，以我为例：

在 2019 年，有一个账号当月收益就能够突破万元，2021 年的时候这个账号被平台签约，能够获得 1.5 倍分成，当时随便写几篇文章就能获得 20000 元。可是到了 2022 年，我需要每天都写三篇文章，然后连续工作一个月，这个账号才能够获得 8000 元以上的收益。

平台在发展过程中会出现不同的政策波动，内容创作者需要不间断地自我调整。

4. 重复工作的必要性

从某种意义上说，自媒体内容创作属于重复劳动，很无聊，所以需要在重复写作过程中找到自己的价值，要在写作中寻找灵感，在写作中获得成长与快乐。否则，很快就会自我怀疑，以致彻底放弃。